André Greipel mit Tim Farin

AUS DEM WINDSCHATTEN

André Greipel mit Tim Farin

AUS DEM WINDSCHATTEN

Wie ich den Radsport lieben und das Siegen lernte

riva

Bibliografische Information der Deutschen Nationalbibliothek
Die Deutsche Nationalbibliothek verzeichnet diese Publikation in der Deutschen Nationalbibliografie; detaillierte bibliografische Daten sind im Internet über http://d-nb.de abrufbar.

Für Fragen und Anregungen
info@rivaverlag.de

Wichtiger Hinweis
Ausschließlich zum Zweck der besseren Lesbarkeit wurde auf eine genderspezifische Schreibweise sowie eine Mehrfachbezeichnung verzichtet. Alle personenbezogenen Bezeichnungen sind somit geschlechtsneutral zu verstehen.

4. Auflage 2022

Türkenstraße 89
80799 München
Tel.: 089 651285-0
Fax: 089 652096

Redaktion: René Stein
Umschlaggestaltung: Marc-Torben Fischer
Umschlagabbildung: imago/Mario Stiehl (re.) / Nina Wallenborn (li.)
Layout und Satz: abavo GmbH, Buchloe
Druck: CPI
Printed in the EU

ISBN Print 978-3-7423-1850-3
ISBN E-Book (PDF) 978-3-7453-1568-4
ISBN E-Book (EPUB, Mobi) 978-3-7453-1569-1

Wir produzieren nachhaltig
www.m-vg.de

Weitere Informationen zum Verlag finden sie unter

www.rivaverlag.de
Beachten Sie auch unsere weiteren Verlage unter *www.m-vg.de*

Inhalt

Prolog

Es geht auf die letzten paar hundert Meter. Die Menschen schreien, sie trommeln mit ihren offenen Händen auf die Werbebanden, sie klatschen, sie jubeln, sie lassen riesige, aufgeblasene Plastikhände gegeneinander knallen. Es ist ein Heidenlärm und dazu vor mir dieser unvergleichliche Sog in jene Richtung, aus der der Sprecher in sein Mikro brüllt und die Kameras schon auf uns gerichtet sind, ein Pulk von Männern und Frauen mit ihren dicht an dicht gedrängten Kameras, die genau auf uns zielen, wie wir auf sie zuknallen. Es geht geradeaus, vorne sehe ich den gelben Aufbau über der Straße, der über die Linie ragt, jene Linie, die für mich Alles oder Nichts bedeutet, Sein oder Nichtsein.

Seit einigen Kilometern sind meine Kollegen und ich in Position. Wie an einer Perlenschnur haben wir uns hintereinander aufgereiht, weil wir nichts dem Zufall überlassen wollen. Wir vertrauen einander, wir kennen uns seit Jahren, wir wissen um jede Stimmungsschwankung und jede Finte, die irgendeiner von uns in irgendeinem beliebigen Moment des Chaos plötzlich zu erkennen gibt. »Jop, jop, jop!« Das rufe ich, mehr nicht. Aber laut. Es ist wie die Sprache von Tieren. Mein Vordermann weiß, dass ich da bin. Mehr ist nicht nötig. Manche machen Platz, wenn sie das hören. Ich bin der Mann, für die die Jungs vor mir alles geben.

Adam Hansen tritt rein so fest wie er kann, etwa drei Kilometer vor dem Ziel. Hinter uns scheppert es – das unverkennbare Rappeln, Quietschen und Knallen, wenn es zu einem Massensturz kommt. Ich weiß, was das bedeutet: Es tut richtig weh und zwar nicht nur einem, sondern einer ganzen Reihe von Wettbewerbern, die im Chaos der Zielanfahrt die Kontrolle über ihre Räder verloren haben. Aber von uns nimmt keiner raus, keiner schaut zurück, wir lassen uns reinziehen in den Tunnel. Denn links und rechts sind die anderen, die heute Großes vorhaben, genau wie ich.

Adam gibt alles. Er ist vier Positionen vor mir, dahinter meine drei Kollegen Marcel »Sibi« Sieberg, Jurgen Roelandts und Greg Henderson, allesamt in unseren Farben. Sibi, der Denker, strahlt auch bei diesem rasenden Tempo, das wir inzwischen erreicht haben, eine unheimliche Ruhe aus. Es ist erstaunlich, wie sehr das Vertrauen mir Sicherheit geben kann, obwohl ich von außen betrachtet Teil einer gewaltigen Schlacht bin. Wir sind nun bei über 60 Stundenkilometern, Tendenz steigend.

Sibi übernimmt. Er geht aus dem Sattel, er tritt seine Maschine mit allem, was er hat. Wir kennen jede seiner Bewegungen in- und auswendig und ich weiß: Wenn er jetzt noch einmal eine Schippe drauflegt, dann wird es für die anderen um ihn herum wirklich schwierig. Da kommen nicht mehr viele mit. Es fühlt sich bequem an, hier zu sein, am Hinterrad meines Vordermanns, der sich im Windschatten von Sibi festgebissen hat, im rasenden Zug auf dem Weg ins Etappenziel. Wir haben diese Abläufe zigfach geübt, sie sind im Unbewussten verankert. Sibi fährt am Anschlag. Ich habe schon geschaltet, das letzte Mal für heute. Die Kette liegt vorn auf dem dicksten Blatt, hinten auf dem kleinsten Ritzel; ich bin auch am Limit, das Elferritzel nimmt die Kraft aus meiner Kette auf, ich bereite mich auf die letzte Explosion vor, die mein Körper noch hergeben kann.

Aber ich bin zugleich ganz ruhig. Ich kontrolliere nochmal, wie der Wind genau steht, das habe ich natürlich den ganzen Tag über getan, aber ich fühle das, was vor uns liegt. Wie neigt sich die Straße, wie genau ist der Asphalt beschaffen, welcher Weg in diesem Tumult bietet die beste Chance auf den ersten Platz im Ziel? Ich verarbeite diese Informationen, gleiche sie ab mit all dem, was ich in meiner Karriere schon erlebt und gelernt habe, vor allem aus

Fehlern. Ich erinnere mich an jeden einzelnen Sprint, ich habe die Erfahrung, ich berechne und bereite vor, was von außen wie eine spontane Aktion wirkt. In Wahrheit ist es ein akribischer, lange einstudierte Ablauf, der Spontanität mit Studium zusammenbringt. Wenn alles klappt, wird es für mich reichen. Aber ich muss alles dafür geben, jedes Mal. In meinem Metier gibt es keinen sicheren Sieg.

Jop, jop, jop. Ich weiß, dass die Widersacher lauern, vielleicht habe ich einen wie Mark Cavendish am Hinterrad, vielleicht ist Peter Sagan da, Alessandro Petacchi. Aber wenn der Sprint perfekt ist, muss ich ihre Bewegungen nicht lesen. Dann läuft es so, wie wir es als Mannschaft wollen. Denn mein Sport, meine Kunst, das ist eine Veredelung der Zusammenarbeit. Radsport ist Teamsport, und wie sich die Kraft im Zielsprint entlädt, ist das Ergebnis mannschaftlicher Stärke. Wenn wir dominieren, finden wir unseren Platz im Feld und gewinnen unser Spiel, indem wir unsere Linie wählen und bis zum Ziel den Raum auf der Straße kontrollieren.

Jop, jop! Sibi ist raus, zwei Mann sind noch vor mir, es sind nur noch wenige hundert Meter. Ich mache mich klein, obwohl ich einen bulligen Körper habe, ich versuche jedes Quäntchen Windschatten zu nutzen, das mir Jurgen und Greg noch bieten. Jetzt ist es Instinkt. Die Zuschauer mögen schreien, der Hubschrauber über uns kreisen, Sirenen ertönen, der Höllenlärm dieser Tour über uns hereinbrechen, aber all das ist jetzt weg. Auch das Surren und Rattern der Ketten und Ritzel, der Windzug, die Rotation, das Schreien im Fahrerfeld – alles wie weggespült. Ich bin wirklich in einem Zustand, der so oft als Tunnel bezeichnet wird. Es ist ein anderer Raum, man macht sich unabhängig von all dem, was drumherum passiert.

Jop! Nun geht Jurgen raus, jetzt ist nur noch Greg vor mir. Mein letzter Mann. Es sind jetzt nur noch Sekunden. Ich bin wie ein Scharfschütze. Es gibt nichts mehr auf der Welt außer mir und meinem Ziel und der besten Bahn dorthin. Ich bin total fokussiert. Der Puls ist auf mehr als 170, alles, was mein System stören könnte, blende ich aus. Auch das habe ich seit vielen Jahren gelernt. Manchmal, wenn ich abends nachdenke, wie das alles so war, ist das schon erstaunlich: So genau ich mich an den Sprint selbst, an den Verlauf der letzten paar hundert Meter erinnere, so vollständig gelöscht ist all das, was um mich herum war. Wie es aussah im Zielort, was am Straßenrand passierte, wer alles die Bühne Radrennen für Aufmerksamkeit nutzen wollte – all das ist weg.

Zweihundert Meter oder weniger. Etwa 1800 Watt, weit mehr als 70 Stundenkilometer. Ich beiße die Zähne zusammen, meine Hände krallen sich an den Unterlenker, die Beine drücken so viel Kraft in die Kurbel, dass das Fahrrad fast zerbricht, so sieht es aus und so fühlt es sich an und tatsächlich reize ich die Grenzen des Materials aus, meine sowieso. Es sind Sekunden. Dann bin ich da. Erlösung, im Ziel, ich reiße die Arme nach oben. Ich weiß sofort, ob ich am Strich ganz vorne war oder ob da noch einer vorbeigehuscht ist, irgendwo neben mir, vielleicht nur mit einer Speichenlänge. Aber das hier ist der perfekte Sprint, wie ich ihn erlebt und erträumt habe. Ich ballere durchs Ziel, vorbei an den Fotografen, in den Tumult hinterm Ziel, ich bin entladen, befreit. Der Druck, der seit Minuten, Tagen, Wochen, vielleicht sogar einer ganzen Saison auf mir gelastet hat, der Druck, der mein Leben ist, hat sich aufgelöst. Für einen kurzen Augenblick ist er weg. Ich rolle zu Raoul, meinem Betreuer, der immer ist, wo er sein soll, und falle ihm in den Arm. Ich finde einen kurzen Moment Halt, bevor das Nachspiel beginnt und die Vorbereitung auf die Fahrt ins nächste Ziel.

***

Die Welt kennt mich wegen dieser Bilder. Ich bin der Mann für die letzten Meter. Ich bin der Sprinter, der Sieganwärter auf der Zielgeraden. Man misst mich an Siegen, das habe ich vor langer Zeit verstanden. Kommt André Greipel nicht mehr als Erster ins Ziel, gibt es Spekulationen, Gespräche, einen Druck von außen, den man schwer loswird, außer durch den Sieg. So ist das eben.

Ich bin der Mann für die letzten Meter, für den finalen Sprint. Aber der Weg, der mich dorthin geführt hat, war weit und beschwerlich. Bei jemandem wie mir redet man nicht so viel über die Arbeit und die Umwege, die nötig sind, um in die Position zu kommen und um die Siege mitzukämpfen. Seit mittlerweile 17 Jahren bin ich Profi. Seit viel mehr Jahren, also eigentlich mein ganzes Leben, habe ich diesen Sport betrieben, diese Momente gesucht, diese Leistung gebracht und mit ganzem Herzen das Rennradfahren vom Hobby zum Beruf gemacht.

Man misst mich an Siegen. Aber ich selbst bin nicht so sehr stolz auf diese Erfolge, von denen ich wirklich viele feiern konnte, sondern immer noch wesentlich mehr auf die Art, *wie* gute Ergebnisse zustande kamen. Ich habe immer ein Umfeld gebraucht, in dem ich mich geborgen fühlte, in dem ich langsam mit den Kollegen zusammenwuchs und wir einander vertrauten. Ich war nie jemand, der große Töne spuckte, aber überzeugt von mir war ich schon. Anders als manch anderer brauchte ich aber vielleicht manchmal etwas länger, um mein Talent voll zu entfalten. Das hat auch damit zu tun, dass mir häufiger Steine in den Weg gelegt oder Entscheidungen getroffen wurden, die ich nicht verstehen wollte – und über die ich mich bis heute wundere.

Ich bin meinen Weg gegangen – gemeinsam mit den Menschen, die mir unendlich viel bedeuten. Sie haben mir die Chance gegeben, der André Greipel zu werden, der seinen Kindheitstraum wahrmacht und in Paris das Podium erklimmt, wie einst sein Vorbild Olaf Ludwig, eines der großen Idole aus meiner Jugend. Es ist sicher nicht übertrieben zu sagen, dass ich trotz aller Schlenker einen relativ geradlinigen Weg verfolgt habe, selbst wenn mich Verletzungen, fragwürdige Entscheidungen und manche unglückliche Konstellation auch mal aus dem Tritt brachten. Der Weg zum Ziel ist niemals leicht, und dieser Weg war extrem schmerzhaft, aber er ist ein wahrgewordener Traum.

Jetzt ist es an der Zeit, das letzte Rennen ins Visier zu nehmen, den letzten Zielspurt tatsächlich auch als solchen zu benennen. Die vergangenen Jahre waren mühsam, ich habe unendlich viel gearbeitet, um auf hohem Niveau die Schlussphase meiner sportlichen Laufbahn zu begehen. Es war eine Suche. Ich habe dafür gekämpft, meinem neuen Team zu helfen und den Menschen zu zeigen, dass André Greipel mehr ist als der Siegsprinter: Ich bin einer, der sich durchkämpft, der anderen hilft, etwas Neues zu schaffen, der auch im Rennen viel dafür tut, dass jüngere Fahrer ihren Zielen nachjagen können. Auch diese Rolle hat mir viel gegeben. Aber irgendwann ist Schluss. Irgendwann brauche ich die Erlösung und nicht mehr den Druck, an einem Ziel gemessen zu werden, bei dem so viel dazwischenkommen kann. Wer mich kennt, weiß auch um meinen Ehrgeiz. Dieser Ehrgeiz ist manchmal schwer zu ertragen für mein Umfeld, und wenn es nicht richtig läuft, verfange ich mich manchmal. Ich glaube, dass ich mich vor solchen Situationen schützen muss. Ich habe sie lang genug durchlebt.

Ich habe in den vergangenen Monaten viel über den Weg hierher und den Ausweg aus dem Profisport nachgedacht. Die Entscheidung ist gefallen und das ist beruhigend. Meine Familie freut sich darauf, dass ich ein präsenter Vater sein werde, ein normaler Mann, ohne lebensgefährlichen Job und dauerhafte Reiserei. Ich freue mich auch darauf. Aber ich habe auch Respekt vor der ungewohnten Situation, dass ich kein sportliches Ziel mehr haben werde. Nach Jahrzehnten, in denen mich mein Trainingsplan leitete, meine Intervalle meinen Tag bestimmten, werde ich Neues ausprobieren müssen und mir eine Beschäftigung suchen, die mich erfüllt.

Am Ende dieser reichen sportlichen Karriere ist es wie mit der Erlösung nach dem Sieg: Ich freue mich darauf, nach Hause zu fahren. Ich freue mich auf den Alltag und so manche Reise mit meiner Frau. Und ich hoffe, dass ich für sie da bin, wenn sie mich braucht. So viele Jahre standen meine Ziele im Vordergrund. Ich denke, mein Umfeld hat es verdient, dass ich zur Abwechslung mal für sie in den Wind gehe.

Immer in Bewegung

Ich war nicht zu trösten. Wie alt ich damals war, weiß ich nicht mehr, vielleicht drei oder vier. Zu jung für genaue Erinnerungen. Aber egal, wie klein ich gewesen sein mag, dieses Gefühl kann ich bis heute spüren, nach all den Jahren der Härte, des Wettkampfs, nach einem Werdegang, der mir viel abverlangt und noch mehr gegeben hat.

Ich saß weinend bei uns zu Hause in Kritzmow, meine Mutter kümmerte sich um mich, aber ich ließ mich nicht beruhigen. Die Wunde an meinem Knie, der Schmerz des kleinen blonden Jungen, darum sorgte sie sich liebevoll. Aber ich weinte nicht, weil mein Körper wehtat, weil mein Bein blutete. Ich war sauer und aufgebracht, denn ich hatte an jenem Morgen nicht gewonnen.

Ich war im Kindergarten um die Wette gelaufen, mit all meiner Energie, wie so oft. Ich weiß nicht mehr, gegen wen und gegen wie viele. Aber ich war gestürzt und hatte verloren. Das mochte ich ganz und gar nicht. Verlieren, den Sieg verpassen, nicht alles rausholen. Während meine Mutter ihr verletztes Kind sah, störte mich nur, dass ich nicht gewonnen hatte.

***

Wenn ich auf die vier Jahrzehnte meines Lebens zurückschaue, dann sieht der Weg im Nachhinein ziemlich geradlinig aus. Jedenfalls habe ich keine Schwierigkeiten, im gestanden Profisportler den kleinen André wiederzufinden, der noch im real existierenden Sozialismus gleich hinter der Stadtgrenze von Rostock aufwuchs. Was ich damals liebte, habe ich zu meinem Beruf gemacht. Sicher wäre ich als Kind begeistert gewesen, wenn ich mich als erwachsenen Mann auf einem Carbonrenner um den Triumph sprinten gesehen hätte.

Auch wenn es erwartbar klingt: Die Freude am Radfahren ist eine prägende Erinnerung und der große Spaß in meinem Leben. Meine Eltern haben mir immer wieder erzählt, dass ich einfach nicht aufgehört habe, mit dem Rad durch die Gegend zu rasen. Als ich drei Jahre alt war, bin ich bei uns hinterm Haus mit meinem ersten Fahrrad durch den riesigen Garten gefahren, durch Matsch, vorbei an Bäumen, über die Wiese. Es war ein traumhaftes Gelände zum Austoben. Stützräder hatte ich nie.

Das Haus, in dem meine Eltern, meine drei Jahre ältere Schwester Claudia und ich wohnten, stand in einem Neubaugebiet von Kritzmow. Straße und Bürgersteig gehörten noch zur Stadt Rostock, unser Haus und der Garten dahinter schon zum Vorort. Das Grundstück war meinen Eltern vom sozialistischen Staat zugewiesen worden, meine Eltern hatten das Haus aus eigener Kraft gebaut, 1982 stand es. Das war auch das Jahr, in dem ich zur Welt kam. Die Parzelle, die wir bekommen hatten, war nicht nur für unsere Kleinfamilie gedacht. Wie es in der DDR üblich war, hatten wir eine große Fläche Land zugewiesen bekommen, knapp 2000 Quadratmeter, die auch für uns Kinder als Bauland vorgesehen gewesen wären. Damals, in den Achtzigern, hatte ich also genug Platz hinterm Haus, um mich Tag für Tag auszutoben, ohne dass sich meine Eltern hätten sorgen müssen.

Ich war immer in Bewegung. Heute würde man vermutlich genauer hinschauen, vielleicht würde man mich auf die Aufmerksamkeitsstörung ADHS untersuchen, weil ich einfach nicht ruhig sitzen bleiben konnte. Die Wettrennen zu Fuß und auf Rollern im Kindergarten waren alles für mich. Später dann die Radtouren mit meinen Kumpels, meinem Nachbarn. Die BMX-Parcours, die wir uns selbst gebaut haben und auf denen wir blieben, bis die Sonne untergegangen war.

***

Um die Wette fahren, Geschwindigkeit spüren und das Material ans Limit bringen, das habe ich ganz sicher auch meinem Vater Bernd zu verdanken. Seitdem ich mich erinnern kann, war er Motorsport-Fan. Von Beruf Kraftfahrer, frickelte er in seiner freien Zeit gern an Motorrädern herum. Als gelernter Schlosser hatte er die handwerklichen Fähigkeiten, aus einem gewöhnlichen Fahrzeug eine Rennmaschine zu machen. Es gab nichts, das er nicht selbst umbaute, reparierte und pflegte. Mein erstes BMX-Rad, mit dem ich durchs wellige Gelände jagte, war ein umgebautes Klapprad. Mein Vater hatte eine Stange an den Rahmen geschweißt und meine Fantasie beflügelt. Auf unseren Äckern kam ich mir vor wie der King.

Wenn ich heute oben an der Ostsee bin und dort trainiere, komme ich immer wieder an einem Ort vorbei, der mir viel bedeutet – der aber nur noch in unserer Erinnerung brummt und vibriert. Am Funkturm Stadtweide, wo inzwischen eine Einfamilienhaussiedlung steht, habe ich kurz vor dem Untergang der DDR meine größten Erlebnisse gesammelt. Damals befand sich dort eine Speedway-Bahn, daneben lag ein Motocross-Gelände. Der Motorradsport war groß bei uns und die Rennbahn einer der Orte, die meine Kindheit prägten.

Natürlich hat es meinen Vater gefreut, dass ich Spaß an seinem Hobby hatte. Man kann sogar sagen, dass er ordentlich daran mitgewirkt hat, diesen Spaß zu befeuern. Als ich sieben Jahre alt war, hat mein Vater mich schon mit einem Moped durch die Gegend fahren lassen. Hinter unserem Haus, auf den Feldern um Rostock, war das kein Problem. In einem Staat, der seine Augen und Ohren überall hatte, verfügte ich über so viel Freiheit. Mein Vater baute eine Schwalbe um, aus dem Moped wurde ein Motocrosser, auf der ich nach der Schule durch die Gegend raste.

Wie es sich anfühlt, mit Speed um die Wette zu fahren, konnte ich auf der Motor-Rennbahn am Funkturm erleben. Bald auch am eigenen Leib. An den Renntagen, das weiß ich noch genau, durften mein Kumpel Gregor Klink und ich auf die schwarze Asche. Vor den Zuschauern spielten wir mit unseren Mopeds die Pausenclowns. Gleich nebenan, auf den Hügeln und Kurven der Cross-Strecke, fuhr ich bald um die Wette. Das erste Radrennen, an dem ich je teilgenommen habe, fand dort statt. Es gab verschiedene Läufe durchs Gelände, mit Mountainbikes und BMX-Rädern (die freilich damals noch nicht so hießen). Ich war sieben, vielleicht acht Jahre alt. Ich erreichte das Finale, stürzte, wurde aber am Ende Zweiter. Rennen fahren, alles geben, das war genau das Richtige für den kleinen Jungen, der so ungern an einer Stelle verharrte. An den Stolz, in einem Feld von Radfahrern zu stehen und um die Wette zu jagen, kann ich mich noch gut erinnern. So geht es mir bis heute.

Neben der Begeisterung für den schnellen Sport nahm ich auch etwas anderes mit. Die Leidenschaft meines Vaters war für mich immer spürbar und zudem etwas, das sich nicht von selbst einstellte: Er war begeisterter Trial-Fahrer, mit dem Motorrad durchs Gelände, Geschick und Geschwindigkeit, das war seine Passion. Das ist ein sehr kostspieliges Hobby, aber unsere Familie hatte nie viel Geld. Also machte er alles selbst. Ich kann mich nicht daran erinnern, dass mein Vater einmal etwas gekauft hätte, was er auch selbst hätte zusammendengeln können. Diesen Spaß ermöglichte mein Vater sich nicht mit Geld, er erarbeitete ihn sich und wir schätzten das Material. Er kümmerte sich um Metall und Maschine, weil er den Wert bemessen konnte. Ich denke, das hat mich geprägt. Es ist eine Einstellung, die ich alte Schule nennen würde – und ich selbst bin von dieser Schule geprägt. Im Laufe meiner Karriere sind mir einige wichtige Menschen begegnet, die diese Schule ebenfalls mit Vehemenz vertraten und meine Einstellung damit bis heute maßgeblich beeinflusst haben.

Meine Liebe zur Bewegung und zum Radsport war meinen Eltern früh etwas wert. Sie nahmen das ernst, sie gaben mir den Raum dafür. Und so kam es eben doch, kurz nach dem Fall der Mauer und in der anbrechenden Ära des Katalogversandhandels, dass meine Eltern auch Geld in die Hand nahmen und mir mit einer Bestellung bei Quelle oder war es OTTO? – meinen damals größten Wunsch erfüllten: Ich bekam für 399 D-Mark mein erstes Rad mit Gangschaltung, ein Mountainbike in lila-blau, es gab nur diese Farbe. Geprägt vom Motocross knallte ich damit durch unseren Garten und über unsere selbstgebauten Pisten, brummte dazu mit dem Mund wie die Maschinen, die mich auf der Rennbahn inspiriert hatten.

***

Dass zum Rennfahrerdasein auch Stürze gehören, lernte ich früh. Die eindrucksvollste Erinnerung aus jeder Zeit sammelte ich im Jahr 1992. Wie so häufig war ich mit meinem Vater bei einem Motorradrennen, diesmal in Teterow, wo schon seit DDR-Zeiten Abertausende zu den Veranstaltungen kamen. Als es um den »Goldenen Helm« ging, saßen mein Vater und ich an der Strecke. Das actiongeladene Geschehen begeisterte uns, bis aus dem Spaß Ernst wurde: Thomas Diehr, der Lokalmatador und auch damals mein persönlicher Held, stürzte vor unseren Augen so schwer, dass er ins Krankenhaus eingeliefert wurde und auch später seine Karriere nicht mehr fortsetzen konnte. Ich sah die Gefahr aus der Nähe, aber das war es nicht, was mir am meisten in Erinnerung blieb.

Vielmehr beschloss ich, Diehr einen Brief zu schreiben. Ich eiferte ihm ja nach, dem waghalsigen Mann. Also schrieb ich ihm, wünschte ihm gute Besserung, drückte meine Bewunderung aus. Wie stolz ich war, das Diehr mir zurückschrieb, mit einer Autogrammkarte! Daran denke ich auch heute, wenn mir gerade auch jüngere Menschen Autogrammwünsche senden und oft sogar die Geschichten schreiben, die sie mit mir verbinden. Es ist schön und ehrlich, als Sportler jüngere Menschen zu begeistern. Das sollte man nie vergessen.

***

Mein Vater hätte es sicher gern gesehen, wenn ich in einen Motorsportclub eingetreten wäre, doch mit Abwicklung der DDR dünnte diese Szene immer mehr aus. Die Rennbahn in Rostock wich dem Städtebau.

Es gab hier aber eine andere Rennbahn, die mich in ihren Bann zog. Auch sie lag nicht weit entfernt von unserem Zuhause. Mit meiner Mutter war ich oft auf dem Neuen Friedhof, wo wir uns um die Gräber meiner Großeltern kümmerten. Von dort konnte ich rüberschauen auf die Betonrennbahn, auf der die Bahnradfahrer ihre beachtliche Geschwindigkeit erreichten.

Es war im Oktober 1992, ich war zehn Jahre alt, als ich meine Mutter fragte, ob ich nicht auch mal zum Rennradtraining gehen dürfte. Meine Eltern fanden das eine gute Idee und so brachte mich meine Mutter zum PSV Rostock, damit ich mal in der U11-Mannschaft reinschnuppern konnte. Dort lernte ich an jenem Tag im Herbst 1992 Peter Sager kennen. Natürlich wollte ich einfach nur aufs Rad und auf die Bahn, Gas geben und um die Wette strampeln.

Stattdessen sagte Sager: Jetzt geht es erstmal fünf Runden um den Platz, und zwar laufend. Das fand ich zwar nicht so toll, aber ich machte auf der Asche, was ich schon seit dem Kindergarten gemacht hatte: Ich spurtete los. Fünf Runden und 2000 Meter später hatte ich alle anderen Kinder überrundet. Dann folgten ein paar Sprungübungen, bei denen sich der Trainer anschaute, wie sich meine Muskulatur verhielt. Zum Abschluss spielten wir noch Fußball. Dann sagte der Trainer, dass ich gern wiederkommen könne.

***

Das Timing im Leben muss stimmen. Zur richtigen Zeit zur richtigen Stelle sein, das kann eine Wirkung haben, die man vielleicht im Moment gar nicht so richtig ahnt. Mit denselben Fertigkeiten, aber unter anderen Umständen, könnte Talent unentdeckt und Potenzial ungenutzt bleiben. Man würde es nie erfahren, vielleicht niemals ahnen. Der kleine André wäre vielleicht wie alle seine Kumpels beim Fußball geblieben, hätte Tore geschossen, hätte nach der Schule einen ordentlichen Beruf gewählt und so weiter.

Es war mein großes Glück, es war das perfekte Timing, dass ich damals im Herbst 1992 Peter Sager traf. Sager stand damals mit knapp 50 Jahren in der Mitte seines Lebens. Ein zweifacher Vater, ein Mensch, bei dem ich nicht lange überlegen musste, wo ich dran war. Sager war eine Autoritätsperson, ohne dafür laut werden zu müssen. Er gab die Messlatte vor und wer sie schaffte, war dabei. Dass er mich laufen ließ, dass ich springen musste, um mein Talent fürs Radfahren nachzuweisen, war für mich eigenartig, aber er ließ keinen Zweifel aufkommen. Sager wusste, was er tat, und er hatte das seit vielen Jahren als Trainer im DDR-Sportsystem bewiesen. Rostock war das führende Leistungszentrum im DDR-Radsport und Sager hatte ja zehn Jahre zuvor auch Jan Ullrich entdeckt, der 1992 mit der RG Hamburg ja schon deutschlandweit für Furore sorgte und im darauffolgenden Jahr die Straßenrad-WM der Amateure gewann. Natürlich war das unser Gesprächsthema in Rostock.

Aber als ich damals im Herbst 1992 bei Sager zum zweiten Training kommen durfte, hatte ich von all dem noch keine Ahnung und auch keinen Plan. Ich war stolz, als ich zum ersten Mal in meinem Leben auf ein Rad mit Rennlenker steigen durfte. Was vor mir lag, war eine Bewährungsprobe. Auf der Betonbahn von Rostock bekam ich meine Chance: Vier Runden auf der 250-Meter-Bahn mit ihren für mich völlig ungewohnten, steilen Kurven musste ich in weniger als zwei Minuten absolvieren. Wer unter zwei bleibt, hat Talent, erklärte mir Sager. 30 Stundenkilometer im Durchschnitt, das war unvorstellbar. Ich griff den gebogenen Lenker des blauen Diamant-Renners, führte meine Turnschuhe in die Hakenpedale ein und gab alles. Die Zeit weiß ich nicht mehr, aber ich weiß, dass Sager mit mir zufrieden war. Ich durfte auch beim nächsten Training wiederkommen – und das Rad sogar mit nach Hause nehmen, um darauf zu trainieren! Was war ich stolz.

***

Der Stolz fiel umso größer aus, weil die Faszination für den Radsport in der Schlussphase der DDR und auch in den frühen Jahren nach der Wende überall zu spüren war. Daran erinnere ich mich so deutlich wie an meine Runden auf dem Acker hinter unserem Haus. Es sind diese Eindrücke, verglichen mit dem Rest unseres Lebens sind sie eigentlich nur Augenblicke. Aber diese Momente sind so viel einprägsamer und prägender als so viele Dinge, die wir im Laufe des Lebens tun.

Ich sitze auf den Mülltonnen vor unserem Haus. Ein Radrennen ist angekündigt. Die Sportler rasen vorbei. Das Geräusch, der Wind und das Surren. Das hat mich nicht losgelassen.

Ein Mann aber hat mich zum Radsport gebracht, das kann ich so sagen: Olaf Ludwig. Und auch wenn ich ihn zuerst nur aus dem Fernsehen kannte, er mich zuerst von Weitem inspirierte, so sollte er doch später auch ganz persönlich ein wichtiger Mensch für meine eigene Laufbahn werden. Drei Mal hat Olaf mein Leben maßgeblich beeinflusst.

Das erste Mal, dass er mein Leben veränderte, war 1990. Meine Eltern, meine Schwester und ich waren im Sommerurlaub und es war jener Sommer, als Olaf Ludwig – Ausnahmetalent aus der Kaderschmiede der DDR – bei der ersten Tour de France nach der Wende gleich das Grüne Trikot des besten Sprinters einfuhr. Die Begeisterung für diesen Helden um mich herum war gewaltig, einer von uns. Olaf Ludwig war der erste Radprofi, dessen Name mir etwas sagte, dem ich wirklich nacheiferte. Ich wollte zurück nach Hause, zu meinem Rad, und als wir dann endlich aus dem Sommerurlaub wieder in Kritzmow waren, rannte ich zum Schuppen und holte mein Fahrrad raus, um endlich über unsere ruhigen Straßen zu pesen, die in meiner Fantasie zu französischen Zielankünften wurden.

***

Das Kindliche, das Spielerische und die Faszination lebten in mir. Die Unruhe des kleinen Kindes hatte eine Form und einen Ausdruck. Die Bilder aus dem Film *American Flyers* in meinem Kopf: Kevin Costner auf dem Rennrad im Kampf der Systeme – so wollte ich auch sein. Mit dem blauen Diamant fuhr ich auf Nebenstraßen, mit Wind in den Haaren fühlte ich mich wie die Großen. Das waren die frühen Neunziger und ich war jetzt Vereinsfahrer.

Und da begann auch etwas Ernsthaftes, auch wenn es sich gar nicht so anfühlte. Peter Sager legte die Weichen für mein Leben. Was beim PSV Rostock (ehemals SG Dynamo Rostock) mit mir passierte, konnte ich damals noch nicht beurteilen. Es war aber die alte Schule, in die ich ging. Ich konnte darauf vertrauen, dass es mir half, ein guter Sportler zu werden. Meine Eltern, die mir eine behütete Kindheit ermöglichten, hatten mich für diesen wichtigen Teil meines Lebens in Peter Sagers Obhut gegeben, und sein Einfluss reichte bald über die Trainingszeiten montags und freitags um 15 Uhr hinaus.

Der Radsportler wird im Winter gemacht – diesen Leitsatz lernte ich direkt in meinem ersten Jahr bei Peter Sager in der Praxis kennen. Er hat sich eingeprägt. In unserer Trainingsgruppe lernten wir, dass allgemeines Athletiktraining wichtig ist, auch wenn wir am liebsten nur auf der Bahn um die Wette gefahren wären. Wir rannten viel, sprangen herum, machten Körperübungen – heute würde man es »Functional Fitness« nennen – ohne das geliebte Fahrrad, viele Stunden lang.

Andererseits durften wir uns ausprobieren. Am 2. Mai 1993 stand ich zum ersten Mal bei einer Landesmeisterschaft am Start. Wir fuhren zwei Runden und der Scharfrichter an jenem Tag war ein Anstieg in Groß Görnow. Heute muss ich über diesen Buckel lachen, aber wenn ich im Norden bin und dort trainiere, auch immer wieder an mein erstes Rennen denken. Mit seinen heute dank GPS vermessenen 40 Höhenmetern kam mir der »Groß Görnower Berg« als U11-Fahrer unbezwingbar vor. Diesen Eindruck verstärkte noch die Tatsache, dass ich bei der Landesmeisterschaft auf einem Rennrad ohne Gangschaltung unterwegs war – für mich war der Anstieg tatsächlich unbezwingbar. Beim zweiten Mal musste ich absteigen und hochschieben. Immerhin kam ich als Zweiter ins Ziel, hinter Martin Winkelmann, mit dem ich mich bald anfreundete und viele Jahre lang fast jede Minute Freizeit zusammen verbrachte.

Es wäre nicht so, dass ich auf dem Rad gleich mein ganzes Talent unter Beweis gestellt hätte. Das habe ich auch mit Peter Sager besprochen, mit dem ich natürlich auch heute immer noch über diese alten Zeiten rede. Vor allem hatte ich keine Ahnung davon, wie der Sport funktioniert. Ich wollte immer vorne fahren, Gas geben. Windschattenfahren war für mich unbekannt. Kraft sparen, Taktik, den richtigen Moment spüren – das war alles noch nicht da. Und Trainer Sager ließ mich auch sein, was ich war: durchschnittlich.

Andererseits, und im Wissen um die »alte Schule« des Trainings, war wohl doch schon ein gewisses Talent zu sehen. Der Sportler wird im Winter gemacht. Am 5. Dezember 1993 rannte ich bei der Crosslauf-Landesmeisterschaft Mecklenburg-Vorpommern mit und wurde Meister der Altersklasse U11. Dass Peter Sager seinen Nachwuchs auf diese Art entwickelte, hat viele Kollegen überrascht. Aber im Nachhinein denke auch ich, der damals noch so jung war: Das war sicherlich sinnvoll.

***

Ich war zwar immer in Bewegung, aber doch kein schlechter Schüler. Auch wenn ich das Blockflötenspielen und den Musikunterricht insgesamt nicht mochte, bin ich doch ganz gut zurechtgekommen. Selbst wenn ich oft Flausen im Kopf hatte, wollte ich doch immer dazugehören und vor allem nicht negativ auffallen. Als ich in die Schule kam, existierte ja noch die DDR. Damals habe ich darauf hingefiebert, ein Pionier zu sein. Meine Schwester, drei Jahre älter als ich, hatte längst das blaue Halstuch. Im ersten Schuljahr bekam ich das Halstuch in Rot und war stolz dabei zu sein. Regeln befolgen, Teil des Klassenverbunds sein, in Reih und Glied stehen – wir lernten, dass das etwas Besonderes ist. Diese Disziplin, Zucht und Ordnung, habe ich als etwas Positives erlebt. Doch bevor ich das blaue Band bekam, bevor ich ein richtiger Pionier war, war das System, in dem ich aufgewachsen bin, Geschichte. Man konnte es in unserer Schule zwar noch ein paar Jahre spüren, aber der Staat und seine Erziehungsmethoden waren untergegangen.

Ich hatte ein gutes Gefühl dafür, wann ich ruhig sein musste. Ich hatte aber auch den Drang rauszukommen. Meine Mutter sorgte dafür, dass in der Schule nichts aus dem Ruder lief, dass meine Hefte ordentlich geführt und meine Schrift sauber war. Sie machte mir unmissverständlich klar: Wenn es in der Schule nicht läuft, kannst du nicht zum Training gehen. Es war nicht nötig, dass sie laut wurde. Die Sache war eindeutig. Ich wollte zu Peter Sager und meinen Kumpels im Verein. Die Grundschule, dann die Realschule, nahm ich ernst genug, um gut durchzukommen und nachmittags trainieren zu können. Als sich abzeichnete, dass ich ein guter Schüler war, aber eben auch ein sehr talentierter Athlet, organisierten meine Eltern mir einen Platz in der Jugenddorf-Christophorusschule, einem Gymnasium mit Sportklasse. Das kostete mehrere hundert Mark im Monat und heute kann ich einschätzen, wie groß die Investition meiner Eltern war, damit ich gute Bildung und sportliche Ausbildung erfahren konnte. Ich war von der 9. bis zur 11. Klasse dort, ehe der Sport keinen Raum für anderes mehr ließ.

***

Es war nicht die große weite Welt, in der ich aufwuchs, sondern ein sehr überschaubares, ein behütetes Leben in einer kleinen Siedlung. Wir wussten, wo wir dran waren, meine Schwester und ich. Das Haus, in das wir zu meiner Geburt eingezogen waren, war immer unser Zuhause. Jeder hatte sein Zimmer. Morgens um kurz nach sechs war meine Mutter durch die Tür, um zur Arbeit in ihrem Krankenhaus zu fahren, wo sie als Köchin angestellt war. Mein Vater weckte uns noch, dann fuhr auch er zu seinem Job als Kraftfahrer. Auf dem Tisch in der Küche stand das Frühstück vorbereitet, Brötchen und Getränke für die Schule lagen bereit.

Natürlich bin ich mit dem Rad bei jedem Wetter in die Schule gefahren, die mit den Wechseln immer weiter von zu Hause weg war, und auch der Wind hat mich nicht gestört. Ich hatte ein Timing, das im Rückblick bemerkenswert ist. Während meine Schwester schon aus dem Haus war, schaute ich mir noch in aller Seelenruhe das Kinderprogramm auf RTL2 an. Dann bin ich zur Haustür raus und gefahren wie in einem Wettbewerb. Es waren selten mehr als zehn Sekunden Puffer, aber zum Unterrichtsbeginn saß ich immer an meinem Platz. Getrödelt habe ich nie.

Nach der Schule gab es Essen bei meiner Oma Liesbeth. Dort waren meine Schwester und ich nach der Schule, nur 200 Meter von unserem Haus entfernt. Am liebsten aß ich ihre Kartoffelpuffer, in Öl ausgebacken in einer tiefschwarzen Eisenpfanne, dazu gab es Apfelmus. Oder Grießbrei. Ich war leicht zu beköstigen damals.

***

Neben meinen Eltern wurde Peter Sager eine Art zweiter Vater. Es ist beeindruckend, wie viel Zeit und Energie er sich für den Radsport genommen hat. Er war zwar hauptamtlicher Trainer, aber sein Engagement ging weit darüber hinaus. Er war immer da mit seiner Art, in der sich Strenge und Lob die Waage hielten. Wenn er mich lobte, wusste ich, dass ich das ernstnehmen konnte. Für Sager war das Kümmern nicht mit dem Training beendet. Der Radsport, die Familie, das ganze Leben gingen ineinander über. Ich weiß gar nicht, ob ich es verraten darf, aber seine Frau hat irgendwann sogar eine Facharbeit für die Schule für mich geschrieben, damit ich in Ruhe an einem Wettkampf teilnehmen konnte.

Einmal war Peter Sager auf meine Eltern etwas böse, weil sie mir, ohne sein Wissen, auf eigene Faust ein Rennrad gekauft hatten. Sie hatten 800 Mark ausgegeben für ein Fahrrad, enorm viel

Geld für uns. Ich fand das Rad wahnsinnig schick, aber Peter Sagers kritischem Blick hielt es nicht stand. Im Gegenteil. Der Rahmen war umgespritzt, um mehr herzumachen, und mit Aufklebern versehen, die einen falschen Eindruck aufkommen lassen sollten, es sei etwas Besonderes. Während ich mich meinen Eltern gegenüber schlecht fühlte, weil sie so viel für mich bezahlt hatten, mussten sich mein Vater und meine Mutter auch noch mit Peter Sagers Vorwürfen auseinandersetzen. Wie konnten sie nur Material kaufen, ohne ihn zu fragen!

Er nahm die Sache dann in die Hand, fuhr mit dem Rad zum Händler, gab ihm ein paar deutliche Worte mit und bekam das Geld zurück. Danach kümmerte er sich darum, dass ich mit gutem Material weitermachen konnte.

***

Wir wussten jetzt, dass Peter Sager einen Plan verfolgte und er sich kümmerte. Er nutzte sein Wissen aus der systematischen Entwicklung von Sportlern aus der DDR-Schule, ohne dass es sich für uns hart anfühlte. Er zog auch die Strippen, damit wir ein gutes Rennprogramm hatten, aber nicht die falschen Entscheidungen trafen.

So muss er den damaligen Bahn-Bundestrainer davon abgehalten haben, mich für den Sprint zu sich in den Kader zu holen. Das war irgendwann in meiner Zeit als Jugendfahrer. Ich hatte in einem 500-Meter-Zeitfahren im Velodrom ziemlich gut ausgesehen, doch Peter Sager muss im Hintergrund das Interesse des Verbands ausgebremst haben, ohne dass ich davon wusste. Er wollte mich schützen, bei sich behalten, denn er sah einen anderen Weg für mich: entweder Ausdauerfahrer auf der Bahn – oder, und das war ja immer das Ziel, eine Laufbahn auf der Straße.

***

Der Reiz des Radsports wuchs immer mehr, weil auch ums herum alles über die Helden der Straße redete. Auf Olaf Ludwig und seine starken Auftritte folgte der große Boom des deutschen Radsports. Als ich Teenager war, war noch keine Rede von den Schattenseiten des Teams Telekom. Im Gegenteil, die mit viel Geld und allen möglichen Mitteln hochgezogene Organisation wuchs zum Maß aller Dinge im Radsport. Der Däne Bjarne Riis holte für das deutsche Team 1996 den Sieg bei der mit Abstand wichtigsten Rundfahrt der Welt, der Tour de France, und Peter Sagers früherer Schützling Jan Ullrich war nicht nur dabei, sondern auf Anhieb Zweiter der Gesamtwertung. Mein Kumpel Martin Winkelmann, der inzwischen im Rostocker Sportinternat wohnte, und ich schauten natürlich begeistert zu, als »Ulle« ein Jahr später selbst ins Gelbe Trikot fuhr und bis nach Paris nicht mehr hergab. Das war der Boom, in dem wir uns entwickelten, der auch unsere Träume befeuerte.

***

Martin Winkelmann war eines der größten Talente, die ich auf dem Rad je gesehen habe. Er schlug mich am Anstieg in Groß Görnow, er wurde mein Teamkollege und mein dicker Freund. Als wir 16 waren, ließen wir uns von meinem Vater in die Disco fahren, das *Shanty* in Rostock. Am Wochenende schlief er oft bei uns. Auf dem Rad vermittelte er mir, wie das Rennradfahren wirklich funktioniert, wir haben spielerisch trainiert und, unter Peter Sagers aufmerksamem Auge, erste Ergebnisse eingefahren. Es war auch Martins Familie, der ich viel zu verdanken habe, denn sie sponserte unseren Verein mit Geld aus der Privatschatulle. Das hat es mir ermöglicht, gutes Material zu bekommen und auf immer mehr Lehrgänge und Wettkampfreisen zu gehen.

Und dabei fühlte ich mich anfangs ein bisschen schlecht. Das lag daran, dass meine Eltern ebenfalls viel zur Seite legten, um mir den Sport auf diesem Niveau zu ermöglichen – ich habe mich deshalb lange Zeit schuldig gefühlt. Außerdem kam es mir manchmal so vor, als sei ich fehl am Platz. Peter Sager vermittelte mir Teilnahmen an Nationalmannschafts-Lehrgängen, obwohl ich gar nicht zum Kader gehörte. Er ließ immer weiter seine Kontakte spielen. Ich erinnere mich noch, wie ich zum ersten Mal auf Sizilien an einem Trainingslager teilnahm und das deutsche Nationaltrikot überzog, eine Auszeichnung, die mir unverdient vorkam. Es passt aber zu meiner Karriere, denn das gespaltene Verhältnis zum Verband und den Auftritten in der Nationalmannschaft zieht sich durch meine gesamte Laufbahn. Und es war ja auch so, dass mich beispielsweise der damalige Bundestrainer Ausdauer, Helmut Taudte, nicht in seinen Kader berief, obwohl ich als Junior längst entsprechende Leistung gezeigt hatte.

So verdanke ich es Peter Sager, dass ich meinen Weg gehen konnte und eine Entwicklung einsetzte. Er und unser Verein bauten die Plattform, auf der wie uns zeigen konnten, ohne uns dabei zu früh zu übernehmen. Wenn ich heute auf Nachwuchsfahrer schaue, habe ich oft das Gefühl, dass sie die Sache zu schnell und intensiv angehen, immer unter den Argusaugen der analytischen Sportwissenschaft. Bei uns war das anders: Wir hatten einen Masterplan, auch wir hatten persönliche Entwicklungsziele, aber vor allem das Vertrauen, dass sich dies über die Erfahrung im Wettkampf auch zeigen werde.

Den Weg dahin zeigte uns Peter Sager nicht nur, er brachte uns sogar buchstäblich dorthin. Eines der prägendsten Bilder meiner Jugend ist der umgebaute rote T3-Bus von Volkswagen, ein ehemaliges Feuerwehrfahrzeug, in dem wir von Rostock aus durch die Republik fuhren. Unser Trainer saß immer vorne links und fuhr unermüdlich. Die kürzeste Anreise war nach Berlin und auch das waren fast drei Stunden pro Strecke. Wir, Martin, die anderen

Sportler und ich, dämmerten auf den Sitzen, denn der Wagen war so laut, dass er uns in den Schlaf beförderte.

***

Dass der unruhige Junge, der begeisterte Radler, der Fan risikobewusster und großer Idole – dass ich selbst zu einem Profisportler werden könnte, dieses Gefühl hatte ich dann nach dem Winter, als ich in die Kategorie der Junioren im Radsport wechselte. Wir hatten den ganzen Winter über gut trainiert, waren regelmäßig in Frankfurt an der Oder zum Training und zu Wettbewerben gewesen und holten uns dann mit dem PSV Rostock einen Erfolg, der in der Szene beachtet wurde.

Mit meinem Kumpel Martin Winkelmann, mit Stefan Richter und Mark Altmann trumpfte ich bei der Junioren-Bahnmeisterschaft in Stuttgart auf. Als Vierer holten wir uns den deutschen Meistertitel, und Martin und ich waren eigentlich auch im Madison, dem Zweiermannschafts-Fahren, das man vom Sechstagerennen kennt, das Maß der Dinge. Doch eine kontroverse Entscheidung, nachdem ich gestürzt war, brachte uns um den Sieg.

Plötzlich schauten alle genauer hin. Der 17 Jahre junge André, Gymnasiast aus einem Rostocker Vorort, eben noch Pionier und immer hibbelig, war jetzt ein umworbener junger Mann. Die Bundestrainer aller Disziplinen wollten mit mir arbeiten. Auf der Straße lockten nicht nur Entwicklungsmöglichkeiten und ein paar hundert Mark Siegprämie, sondern die Aussicht darauf, dass auch ich in den boomenden Straßensport eintauchen könnte, wo Magenta noch immer Millionen Deutsche begeisterte.

Es war Zeit für einen Schnitt. Das Trainingspensum und der Schulstoff in der Vorbereitung aufs Abitur ließen sich nicht mehr vernünftig verbinden. Ich hätte vielleicht in den Sommerferien Klausuren nachschreiben können, doch auch da gab es ja Rennen – und zwar die besonders wichtigen. Also setzte ich nach der 11. Klasse voll und ganz darauf, eine Ausbildung zu machen und einen Beruf zu erlernen sowie aus meiner Unruhe eine Erwerbsquelle zu machen.

Peter Sager kümmerte sich darum, dass der Rahmen stimmte, und meine Eltern konnten ihm vertrauen.

Vom Polizeisportverein zu den Profis

Der kleine Junge war gewachsen und sein Bewegungsdrang mit ihm. Auf eine Weise, die mir heute spielerisch vorkommt, entwickelte ich mich immer stärker zu einem Menschen, der das Sportliche in den Mittelpunkt seines Lebens stellt. Der Schritt, vom Gymnasium abzugehen und stattdessen alles zu versuchen, um auf dem Rennrad Karriere zu machen, bedeutete in meinem Leben einen klaren Schnitt. Meine Eltern hatten sich immer darum gekümmert, dass beides passt, Schule und Sport. Ich musste nie groß mit ihnen streiten und begriff, dass ich meine Lust an der Athletik nur dann ausleben durfte, wenn die grundsätzliche Richtung in meinem Leben stimmte, wenn Hefte ordentlich geführt und die Noten passabel waren. Ich bin behütet aufgewachsen, mit Werten, die uns allen wichtig waren, und ich bin meinen Eltern sehr dankbar, dass ich von ihnen Demut und einen Blick auf das Wesentliche mitgenommen habe. Doch als ich 18 wurde, hatte sich meine Meinung gebildet, und die sportlichen Erfolge waren nun seit Jahren dokumentiert: ein Studium war für mich unvorstellbar geworden, weil ich in immer stärkerer Taktung Wettbewerbe und Lehrgänge besuchte. So nahmen wir eine neue Abzweigung.

Eine Profikarriere lässt sich nicht planen. Zu gering sind die Chancen, zu verschlungen die Wege, zu viele Faktoren und vor allem auch Menschen spielen eine Rolle. Es gibt keine Szenarien, sondern nur einen Plan A: immer weiter versuchen, so lange es funktioniert. Natürlich herrschte damals die Euphorie, als das Team Telekom und später T-Mobile Millionen Menschen in

Deutschland an die Bildschirme zog, das inspirierte mich und andere. Radsport boomte, das beflügelte auch meine Fantasie, es war nun seit mittlerweile einem knappen Jahrzehnt immer bergauf gegangen mit seiner öffentlichen Wahrnehmung in Deutschland. Und es war ja auch Jan Ullrichs Entdecker, bei dem ich meinen Weg in diesen Sport gefunden hatte. Aber eine wirkliche Vorstellung davon, einmal meinen Lebensunterhalt mit dem Radsport zu verdienen, hatte ich als 17-, 18-Jähriger noch nicht. Das war alles weit weg. Ich dachte von Rennen zu Rennen und merkte, dass ich dafür mehr Zeit benötigte und Aufwand betreiben musste. Ich merkte auch, dass ich auf diesem Weg weiter kam als andere. Im Jahr 2000 gewann ich sogar den deutschen Junioren-Meistertitel am Berg, für mich bis heute eine Kuriosität in meinem Werdegang. Ich musste jetzt keinen Hügel mehr hochschieben.

***

Sollte man meinen, dass jemand wie ich, ein Sprinter, keine langen Wege gehen kann, dann verweise ich gern auf die Strecken, die hinter mir liegen, und die Geduld, die ich haben musste. Messen konnte ich das gut mit meinem schwarzen Opel Astra, den ich mir als Fahrer in der U-23 ge- und drei Jahre später wieder verkauft habe. Mehr als 130 000 Kilometer bin ich in dieser Zeit gefahren, fast alles nur für den Sport. Für mich war das damals selbstverständlich. Wenn ich zurückblicke auf die Zeit, als ich von den Junioren in den Nachwuchs kam und mich in der Klasse U23 etablierte, muss ich mich auch selbst wundern. Das Pensum war enorm.

Ein normaler Wochentag begann für mich um kurz nach sechs, danach folgte Arbeit im Büro, danach das immer umfangreichere Training. Am Wochenende war ich auf der Autobahn. Es war ein Stress, den ich aber damals selbst gar nicht so empfand. Der André regeneriert beim Fahren, sagten die anderen – ein Bild, das ich gern stehenließ.

Das Erste, was stimmen musste, war der Rahmen für meine weitere sportliche Ausbildung. Peter Sager sorgte dafür, zusammen mit den Förderern unseres Vereins PSV Rostock. Gemeinsam mit meinen Eltern und mir hatte Peter Sager diskutiert, dass ich eine Ausbildung machen sollte, und dann hatte er dafür gesorgt, dass diese Tätigkeit sich gut in mein sportliches Programm einfügen würde. Ich bin dankbar, dass es diese Menschen gibt, die ich kennengelernt habe und die mir an wichtigen Stationen weitergeholfen haben. Oft wurde erst später klar, wie wichtig diese Hilfe war. So auch bei Martin Winkelmanns Vater, der mit seinem privaten finanziellen Einsatz dafür gesorgt hatte, dass ich bis dato mit gutem Material ein solides Rennprogramm bestreiten konnte. Es gab die Hilfe von Lothar Hafemann mit seiner Firma SUR ebenso wie Henri Wandt mit seiner Firma Uni Roka, die unser Bundesliga-Team unterstützten. Und so war es auch mit der Firma Mele Haustechnik, die unseren Verein ebenfalls bezuschusste und die mir Sicherheit und Freiheit für den nächsten Schritt bot: eine Ausbildungsstelle zum Bürokaufmann mit genügend Flexibilität, um den Sport in den Mittelpunkt zu stellen.

***

Es liegt in der Natur des ehrgeizigen Sportlers, dass er seinen Egoismus auslebt, um voranzukommen. Meine Frau Tina hat mir irgendwann verraten, was die Kolleginnen und Kollegen mitunter über mich gedacht haben: einer, der eine Sonderrolle hat. Das erzählte sie mir natürlich erst, als wir nicht mehr nur beruflich miteinander zu tun hatten, sondern ein Paar geworden waren. Denn kennengelernt hatte ich sie im Büro der Mele Haustechnik, als sie oft für mich einsprang, wenn ich mal wieder mein Pensum nicht schaffte.

Ich dachte nicht groß darüber nach, ob ich den Menschen um mich herum Mehraufwand einhandelte. Es waren Selbstverständlichkeiten für mich. Denn ich hatte vor allem den Sport im Kopf und für meine Arbeitgeber war das so in Ordnung. Sie wollten mich auf dem Weg unterstützen. Und so war es häufig auch Tina, die sich um Dinge kümmern musste, die ich auf dem Schreibtisch hatte liegenlassen. Ich war dann schon wieder unterwegs zu einem Trainingslager oder Lehrgang.

***

Die Zeit im Büro, nach der Schule, ist eine wertvolle und prägende Phase für mich gewesen. Ich habe Dinge über mich erfahren, ich habe einen besonderen Menschen gewonnen – und die Freiheit genossen, meinen Sonderweg zu verfolgen. Das alles hängt zusammen und ich glaube, ohne diese Lehrzeit und diese Phase wäre meine Karriere nicht möglich gewesen.

So habe ich gelernt, dass ich mir niemals vorstellen könnte, in einem Bürojob mein Leben zu verbringen. Die Arbeit am Schreibtisch, das stundenlange Sitzen und der Blick auf den Computerbildschirm, das war das Schlimmste, was ich mir vorstellen konnte. Das ist bis heute so geblieben. Ich war zwar dankbar, dass ich diese Stelle hatte, aber die Arbeit selbst hat mich weder interessiert noch befriedigt. Es war klar, dass es nur um eine Sicherheit ging: ein Ausbildungsgehalt, ein geregelter Rahmen für meinen weiteren Vorstoß in den Leistungssport, ein Abschluss für den Fall, dass es mit dem Sport irgendwann doch nichts werden sollte. Aber einen Plan B für ein Leben abseits des Sports gab es nicht. Als pflichtbewusster Mensch beschwerte ich mich nicht über diese Zeit, sondern zog die Ausbildung durch, wenn auch mit verringertem Aufwand. Am Ende stand der erlernte Beruf des Bürokaufmanns auf dem Zeugnis – für meine Eltern war es ein Grund, stolz auf mich zu sein. Für mich war es eher ein Dokument, das mir Klarheit verschaffte: Ich hatte die wichtige Einsicht für mein Leben gewonnen, dass ich andere Dinge wertschätze als ein geordnetes Angestelltenleben, dass ich auf eigene Faust meine Talente ausleben und meiner Berufung folgen wollte.

Kennengelernt habe ich meine Frau – die große Liebe meines Lebens. Zuerst waren wir nur Kollegen, etwa anderthalb Jahre, doch als ich mitbekam, dass es in ihrer Beziehung kriselte, rechnete ich mir Chancen aus. Ich war unbedarft und fragte sie, ob sie mit mir zu einem Fußballspiel von Hansa Rostock gehen wollte. Das war vielleicht nicht unbedingt ein perfekter Vorstoß, muss ich heute zugeben, aber beschlagen in Sachen Flirt und Romantik war ich damals ganz sicher nicht. Tina, die ja ein bisschen älter ist als ich und auch schon mehr Erfahrung in Dingen des gewöhnlichen Lebens hatte, verhielt sich auch entsprechend abweisend. Aber ich bin drangeblieben, irgendwann sind wir zusammen Kaffee trinken gegangen und dann kamen wir uns bald näher. Es ist ein schönes Gefühl, mit Tina in dieser prägenden Phase zusammengekommen zu sein und mit ihr dann auch die nächsten, entscheidenden Schritte gemacht zu haben, ohne darüber zu lange zu grübeln.

Die Freiheit, die ich hatte, war entscheidend für meinen Werdegang. Es sind diese Aspekte, über die zu wenig gesprochen wird, wenn es um Karrieren im Sport geht. Ich hatte ja nicht das Privileg, vom Bund gefördert zu werden und somit über eine staatliche Stelle abgesichert zu sein. Umso größer ist meine Dankbarkeit, dass es ein Unternehmen und dort eben die Eigentümer und Chefs gab, aber auch die Kolleginnen und Kollegen, die mich mitgetragen haben. Und mich haben Egoist sein lassen, der freigestellt war für Wettkämpfe und die sportliche Ausbildung.

***

Während im Büro die ungeliebte Arbeit von anderen miterledigt wurde, kam ich auf dem Fahrrad ganz anders in Schwung. Peter Sager hatte mich für mein erstes Jahr in der U23 bei Peter Becker untergebracht. Becker war eine lebende Legende. Er war der Trainer, der den Tour-Sieger Jan Ullrich aufgebaut hatte, ein gestandener Experte aus dem DDR-Kadersystem und dann Förderer des ersten Tour-de-France-Siegers aus Deutschland. Konnte man von jemand besserem auf das nächste Level gebracht werden?

Ich stieß also zum Team von Peter Becker und durfte auch mit dem magentafarbenen Trikot und demselben Sponsor antreten, wie es die wichtigsten Vertreter unseres Sports taten. Das »Junior-Team Jan Ullrich« war eine Auswahl der besonderen Art, finanzkräftig unterstützt vom Bonner Kommunikationskonzern, und vereinte Fahrer wie Christian Knees, David Kopp, Stefan Schumacher und andere, die bald beachtliche Karrieren starteten.

Mit einem Teamkameraden aus der U23-Bundesliga bin ich damals eng zusammengewachsen und daran hat sich bis heute nichts geändert: Marcel Sieberg, kurz Sibi, war ebenso wie ich Teil eines unfassbar erfolgreichen Trupps. Ich kannte Marcel schon von anderen Wettbewerben, er war ja ein ziemlicher Vogel aus dem Ruhrpott. Ein Riese, der immer einen Spruch hatte, der immer das Top-Material fuhr, von dem wir anderen teilweise nur hatten träumen können. Einer, der sich immer ganz nach vorne stellte, bevor der Startschuss ertönte – selbst wenn er mal wieder zu spät kam, was öfter passierte. Sibi war so ganz anders als ich, aber wir hatten uns schon länger angefreundet. Bei Lehrgängen waren wir immer Zimmerkameraden. Wir sind zusammengewachsen, das kann man so sagen, und im Laufe der Jahre haben wir Höhepunkte erlebt, die ich nie vergessen werde. Sibi und ich haben uns oft blind verstanden und das war auch bei den ganz großen Rennen manchmal ausschlaggebend für einzelne Triumphe, die heute in meinem Palmarès stehen.

Unter Peter Becker zu trainieren, hat mich sehr geprägt. Die Worte, die er in seinem Berliner Slang sprach, habe ich förmlich aufgesogen. Auch er war, ebenso wie Peter Sager, keiner, der rumschreien musste. Wohl aber drückte er uns seine Sprüche. Einmal sagte er zu mir, ich hätte einen »Bierarsch«, womit er mich und die anderen auf den Faktor Ernährung aufmerksam machen wollte. Darüber hatte ich vorher nie nachgedacht. Das Training wurde weniger spielerisch, wir setzten auf Krafttraining, Gewichte, intensive Einheiten. Becker betonte immer und immer wieder, dass Radsport viel mit Disziplin zu tun hat. Das Wasser, in das ich gesprungen war, wurde rauer, die Umfänge, die wir fuhren, immer größer.

Ich hatte Ehrfurcht vor Peter Becker und da war ich nicht allein. Unser erstes Trainingslager stand im Spätherbst 2000 an und das nicht etwa auf dem Rad, sondern im Schnee von Spindlermühle im tschechischen Riesengebirge. Hier wird nicht gejammert, war die wichtigste Botschaft, die ich mir bei der Ankunft einprägte, wir ziehen unser Programm durch. Das sollten wir dann am ersten Tag gleich auf nordischen Ski tun. Das Problem war nur: Ich hatte in meinem Leben noch nie Ski-Langlauf probiert und das galt auch für Sibi. Als ich die Bretter und die Schuhe ausgehändigt bekam, dachte ich, ich würde abgehen wie Sven Fischer! Aber die Realität sah anders aus. Weder Marcel noch ich kamen so recht von der Stelle, technisch hatten wir es einfach nicht drauf, dann wurde es auch bald kraftraubend und schmerzhaft. Unsere Teamkameraden waren nicht mehr zu sehen, wir mühten uns gemeinsam auf der Loipe ab. Bald hatte ich Blasen an den Füßen, das konnte ich spüren. Als ich endlich den Ort für eine Pause erreichte, zog ich meine Schuhe aus, es schmerzte unheimlich. Ich sah, dass ich inzwischen sogar blutige Blasen hatte. Auch Peter Becker bekam das mit und schlug beide Hände über dem Kopf zusammen. Warum wir denn nichts gesagt hätten?, entfuhr es ihm, auch Sibi hatte dieselben Probleme wie ich. Man kann wohl sagen, dass wir uns nicht getraut hatten, auf unsere Probleme aufmerksam zu machen, zu groß war unser Respekt. So hatte Becker es allerdings nicht gemeint, denn er war zwar streng, aber doch kein Schleifer und schon jemand, der auf die persönlichen Belange der Athleten einging. Für uns war es nicht gut gelaufen: Sibi und ich verbrachten, mit lädierten Füßen, die nächsten Tage beim Krafttraining und mit Schlittenfahrten, an deren Ende wir das Gerät wieder den Berg hinaufziehen mussten.

***

Trotz dieses beschwerlichen Einstiegs war die Rolle in einer neuen Mannschaft ein gewaltiger Sprung nach vorne für mich: Wir kamen zu Trainingslagern in Badenweiler zusammen, wo auch die Profis vom Team Telekom ihre Basisstation hatten. Peter Becker, der ja auch immer noch Jan Ullrich coachte, berief uns manchmal gewissermaßen als Sparringspartner dorthin. Ich erinnere mich noch genau an eine Tour durch den Schwarzwald, als ich hinter Jan Ullrich gefahren bin. Er war ja jemand, der im Winter oft ein paar Kilo zu viel hatte, aber heute rollte ich nur einen Tag nach der Tour de France hinter ihm her und ich sah den perfekten Athleten. Jan fuhr vor mir, bei weit über 30 Grad im Schatten, er trug ein langärmeliges Trikot, und als er aus der Flasche trank, spritzte ein wenig Wasser auf sein Bein und lief über den Unterschenkel. Das untermalte den Anblick von brauner Haut und ausdefinierten Muskeln. Ich erinnere mich noch an den Blick auf das Bein, von dem er die Wassertropfen wischte. Es waren die perfekten Proportionen einer ausdefinierten, dazu gebräunten Muskulatur. Ich habe nur auf diese Beine geschaut damals und hatte in all den Jahren seither, während all meiner Rennen, nie wieder auch nur etwas Vergleichbares vor Augen.

***

Mein erstes Jahr in diesem Umfeld würde auch mein letztes sein. Nicht, weil ich nicht gut genug war, im Gegenteil. Ich sammelte Erfahrung auf internationalem Niveau, etwa bei der U23-Ausgabe der Flandern-Rundfahrt. Doch im August 2001 zog uns die Deutsche Telekom den Stecker. Wir waren in der U23-Bundesliga das Maß aller Dinge gewesen und so stark, dass es kaum Konkurrenz gab – aber viel Neid. Die Dominanz von Beckers Team war kritisiert worden, angeblich war unsere Truppe anderen finanziell um Längen überlegen. Diese Kritik hat dem Sponsor, der Telekom, natürlich nicht gefallen. Jedenfalls beschloss das Unternehmen, das Junior-Team Jan Ullrich einzustampfen. Knees, Schumacher und Kopp rückten zu den Profis auf, ich musste mir ein neues Team suchen. Es war ein Vorgeschmack der Umbrüche, die die Branche und meine berufliche Perspektive in den folgenden Jahren prägen sollten.

***

Ich habe in meinem Leben das Glück gehabt, dass ich von Beziehungen profitieren konnte, obwohl ich mich nicht gerade als ausgeprägten Netzwerker beschreiben würde. Aber ich habe immer wieder Menschen getroffen wie Peter Sager, der mir stets Möglichkeiten öffnete, Peter Becker und dann in jenem ersten Jahr U23 auch Olaf Albrecht. Olaf war damals der Teamchef des Bundesliga-Teams TEAG Team Köstritzer, das in Gera seinen Sitz hatte, also seit vielen Jahren eines der Aushängeschilder im Nachwuchsradsport in Deutschland. Wir trafen uns, nachdem Peter Sager den Kontakt hergestellt hatte, an der Kaiser-Wilhelm-Gedächtnis-Kirche in Berlin und Olaf war ziemlich überzeugend. Er wollte mich verpflichten, daran ließ er keinen Zweifel. Er werde mir alles finanzieren, er habe das beste Team – so einfach war die Strategie. Ich wiederum hatte direkt ein Gefühl: Olaf holt das Maximale für mich heraus. Ich sagte zu – und habe das nie bereut. Was folgte, war alles andere als ein Spaziergang, aber ich hatte mit Olaf Albrecht jemanden gewonnen, der sich um mich sorgte, dem ich vertrauen konnte und bei dem ich wusste, dass er in meinem Sinne entschied. Bis heute ist Olaf der Mann, mit dem ich mich austausche, wenn es um die Entwicklung, Verträge, sprich die wirtschaftlichen Faktoren geht. Mir ist wichtig, dass er das nicht mit einer großen Agentur macht, sondern dass ich weiß, dass ich für ihn nicht nur ein Klient bin. Olaf und seine Frau Simone sind sehr enge Freunde von uns geworden, die auch jedes Jahr mitkommen zum Tour-Finale in Paris.

***

Durch den Einstieg beim Team Köstritzer lernte ich nicht nur Olaf kennen, sondern kam auch in die sportliche Betreuung von Gerald Mortag, der nicht nur als Trainer bereits eine Legende war. Er war selbst ein Ass auf der Bahn gewesen und hatte seine Karriere mit einer olympischen Silbermedaille 1980 gekrönt. Seit den späten Achtzigern leitete er das Radsportprogramm bei Wismut Gera, dem späteren SSV Gera, und auch bald beim Landesverband. Seine Bilanz als Verantwortlicher des erfolgreichsten Nachwuchsteams in der Bundesrepublik war unumstritten, als ich zu ihm stieß.

Menschen wie Gerald Mortag prägen eine Karriere. Mir hat er an einem Tag im Sommer 2002 – so kann man es wohl ausdrücken – den Kopf gewaschen. Auf meinem Weg vom verspielten, vielleicht manchmal etwas naiven Jungen zum Profi war das auf jeden Fall ein Moment, den ich nicht vergessen werde, wie auch andere nicht, die dabei waren.

Nach der Deutschen Meisterschaft hatte Mortag uns eine Ruhepause verordnet. Das war sinnvoll, um uns für die Tour de Dordogne, ein Mehrtagesrennen in Frankreich, wieder frisch zu bekommen. Allerdings hatte ich das mit dem Urlaub etwas übertrieben. Ich hatte in jenem Sommer wenig an den Sport gedacht und mehr im Freibad die Zeit vertrieben. Das war vielleicht weniger ein körperliches als ein mentales Problem. Jedenfalls reiste ich zur Rundfahrt, fuhr die erste Etappe – und versagte auf ganzer Linie; ich fuhr irgendwie mit, aber war mit dem Kopf nicht bei der Sache. Gerald sah das und bat ein Vieraugengespräch.

Das gab es dann auch, allerdings hörte das gesamte Hotel mit: Gerald kam zu mir ins Zimmer, Robert Wagner und ich saßen in Unterwäsche auf den Betten, denn es war sauheiß. Die Fenster und Türen waren offen, alle hofften auf etwas Luft. Der Trainer nahm mich mit auf den Flur und brüllte so laut auf mich ein, dass es alle um uns herum Wort für Wort mitbekommen mussten. Bei mir, so sagte Gerald Mortag, seien »Hopfen und Malz verloren«. Aus mir werde nie ein ordentlicher Radfahrer, schallte es durch den Korridor, und als ich kleinlaut ins Zimmer zurückschlich, lachte Robert Wagner nur. Das Gespräch hatte zwar unter vier Augen stattgefunden, aber mit unzähligen Ohren. Für mich war das eine riesige Schande. Heute lachen wir darüber, aber damals hat diese Ansprache bei mir etwas bewirkt – einen Schalter umgelegt. Ich fuhr an den Tagen danach mit Einsatz und Konzentration. Nie wieder habe ich mich so hängenlassen wie vor dem Einlauf von Gerald Mortag. Mir wurde bewusst, dass ich jeden Tag selbst dafür Verantwortung trage, dass meine Karriere vorankommt.

***

Ich nahm die Sache ernst und ernster. Die U23 war, gerade auch nach dem Wechsel nach Thüringen, eine erfolgreiche Zeit. Ich zeigte mich bei internationalen Rundfahrten nicht nur als einer, der mithalten kann. In meinem ersten Jahr bei Gerald Mortag holte ich das Sprinttrikot bei der Thüringen-Rundfahrt U23 und dem GP Tell in der Schweiz. Im Jahr darauf, meinem dritten in der U23, kam dann langsam das Gefühl, dass es mit dem Berufssport etwas werden könnte. Hier spielt mein Sieg beim Weltcuprennen in Waregem eine besondere Rolle.

Das Rennen, das über viele der berühmten Streckenpassagen belgischer Klassiker führt, war ein Höhepunkt für uns. Es standen massenhaft Zuschauer an der Strecke, sie erwarteten das Profirennen *Dwars door Vlaanderen* am selben Tag und ich gab mir Mühe, bei gutem, warmem, aber windigem Wetter voll zu attackieren. Am Oude Kwaremont, einer der bekanntesten gepflasterten Rampen im gesamten Radsport, gab ich alles und konnte mich in einer Spitzengruppe halten, die vielleicht 30 Mann stark war – und am Ende sprintete ich zum Sieg. Ein Weltcuprennen für mich zu entscheiden, war eine neue Dimension für mich. Es war offensichtlich, dass mein Talent und das Training bei Gerald Mortag mich weiterbrachten.

***

Die Kehrseiten erlebte ich allerdings auch. Es hat in meiner Laufbahn eine unglückliche Beziehung zum Bund deutscher Radfahrer (BDR) gegeben, unserem nationalen Verband, die damals längst begonnen hatte. Meine Ergebnisse sprachen schon seit Längerem für mich, aber ich hatte nie das Gefühl, dass der BDR mich fördern wollte. Im Gegenteil: Eher wollte mich der damalige Bundestrainer Peter Weibel brechen.

In meinem dritten Ausbildungsjahr berief Weibel eine Auswahl ins Höhentrainingslager in Livigno. Während die anderen Fahrer sich schon an die dünne Luft gewöhnten, schrieb ich noch bei uns in Mecklenburg-Vorpommern die Prüfung, um meine Lehre abzuschließen. Am Tag vor Beginn des Camps reiste ich dann mit dem eigenen Wagen in Italien an, 1400 Kilometer am Steuer. Am nächsten Morgen fuhren wir direkt die längste Runde, die dort oben in den Alpen möglich ist; sieben Stunden waren eingeplant und ich blieb stur. Egal, wie schlecht ich vorbereitet war, einknicken gab es für mich nicht. Andere hielten sich fest, ließen sich irgendwann im Auto mitnehmen, ich fuhr die Runde zu Ende. Weibel schaute mich genau an. Ich bin sicher, er wollte meine Reaktion prüfen. Ich zog mein Ding durch, gab mich nicht geschlagen, auch wenn ich an den Folgetagen darunter litt. Ich hatte diesen Kampf nicht verloren, sondern war härter geworden.

Die Sache entwickelte sich aber noch beinahe absurd weiter, ich würde fast sagen: verantwortungslos. Unser Formaufbau in jenem Sommer umfasste drei Wochen in Livigno, zwei Rennwochen und nochmal einem Höhentrainingslager, um dann die *Tour de l'Avenir* zu fahren, die Tour de France der Nachwuchsrennfahrer mit Supertalenten aus aller Welt. Man muss kein Trainingswissenschaftler sein, um zu erkennen, dass ein Höhentrainingslager so kurz vor einem Etappenrennen keine gute Idee ist: Zunächst folgt zwangsläufig infolge dieses Aufbaus ein körperlicher Leistungseinbruch. Bei mir kam er, ebenso wie bei zwei Teamkollegen in der BDR-Auswahl, auf den Anstiegen des Zentralmassivs in Südfrankreich. Auf der fünften Etappe hatte ich keine Chance, das Ziel in Saint-Flour rechtzeitig zu erreichen, Marcel Sieberg und Elnathan Heizmann erging es genauso.

Das war es für uns. Bundestrainer Weibel fackelte nicht lang. Er kutschierte uns drei zum nächstbesten Bahnhof, setzte uns ab und fuhr weiter.

Für uns war es ein unvergesslicher Road-Trip: Wir mieteten uns am Bahnhof den günstigsten Wagen, einen Polo, bauten unsere

Räder auseinander und verstauten alles irgendwie um uns herum. Ich fuhr als Erster und an den Mautstellen musste ich immer zunächst aussteigen, das Laufrad links neben mir aus dem Auto stellen, dann den Schein ziehen oder das Geld abgeben und dann konnte ich wieder das Rad einpacken und weiterfahren. Es war ein Abenteuer. Aber aus heutiger Sicht wundere ich mich noch immer, wie man als Verbandstrainer so mit jungen Menschen umgehen kann. Ich hatte erlebt, wie sorgsam, achtsam und fördernd Trainer sein können. Davon habe ich immer profitiert. Aber ich habe auch die Gegenseite erlebt: sportlich Verantwortliche, bei denen der Begriff Verantwortung nur auf messbare Erfolge beschränkte.

***

Meine Verwunderung darüber ist noch immer groß. Ich bin Vater und gerade aus diesem Blickwinkel ist es mir immer wichtig gewesen, verantwortlich zu handeln und meine Kinder, aber auch andere junge Menschen anständig zu behandeln.

Das Maß, in dem ich Verantwortung übernahm, änderte sich auch im letzten meiner vier Ausbildungsjahre in der U23: Tina und ich erwarteten, nachdem wir anderthalb Jahre ein Paar gewesen waren, unser erstes Kind. Anna Sophie kam am 27. Februar 2004 zur Welt. Es war ein glücklicher Moment für uns, auf den wir noch nicht so richtig vorbereitet waren. Wir hatten das Leben zugelassen, wohnten gemeinsam in einer 40-Quadratmeter-Wohnung, hatten viel Unterstützung von unseren Familien. Es war nicht so, dass wir vorher viel Zeit gehabt hätten für all die Dinge, die junge Paare so gern machen, wie Essengehen, Party oder Städtetrips. Es fehlten uns dazu die Möglichkeiten, aber eben vor allem auch die Zeit. Wir waren junge Eltern, die sicher nicht allzu viel darüber gegrübelt haben, wie sich unsere Rollen im Nachhinein aufteilen würden. Aber mit Annas Geburt veränderte sich unser Leben maßgeblich. Sie schmiedete uns fester zusammen, auch wenn ich als Radsportler so viel Zeit meines Lebens im Auto, in Hotels, in Flugzeugen und auf dem Rad verbrachte.

Ich bin heute überzeugt, dass mir der nächste – und der entscheidende Schritt – ohne Annas Geburt nicht gelungen wäre. Ich glaube sicher, dass unsere Tochter und die Tatsache, dass ich jetzt ein Familienvater war, meinen Sprung zu den Profis erst ermöglichten. Ich spürte einen noch stärkeren Antrieb als in all den Jahren zuvor. Neben dem Wunsch nach Bewegung, der Lust am Rennen, an der Platzierung, auch dem Nervenkitzel war jetzt die Rolle als Versorger dazugekommen. Ich war weit und breit der einzige Vater im U23-Peloton, merkte aber, wie mich das anspornte. Schon vor der letzten Saison der U23 schaute ich nach Möglichkeiten, um bei anderen Teams vielleicht etwas mehr Geld zu verdienen. Ich wollte mein Talent nutzen, um mehr zu bekommen. Olaf Albrecht legte ein bisschen was drauf und hielt mich in Gera. Ich verdiente damals vielleicht 1000 Euro, die ich zu unserem Familieneinkommen beitrug. Vor allem unsere Schwiegereltern halfen aus, wenn mal eine Besorgung anstand. Das musste sich ändern und daran wollte ich was ändern.

Über die Rollenverteilung in unserer Familie mussten Tina und ich nicht lange rätseln. Sie hatte sich in den vergangenen Monaten mit Mühe an meinen Lebensstil gewöhnt und war immer noch dabei. Sie war ganz sicher oft nicht begeistert, dass ich so viel weg war und abends oft so platt. Ihr neues Leben als Mutter war für sie ebenso fordernd und ich konnte sie dabei oft nicht entlasten. Ich bin Tina sehr dankbar, dass sie diese Rolle sofort angenommen hat und sich seither immer als eine Stütze gezeigt hat, die unsere Familie zusammen- und mir den Rücken für den Sport freihält. Für sie, für meine Tochter wollte ich es schaffen, ins Profigeschäft einzusteigen und gutes Geld zu verdienen.

***

Doch ich hatte es nicht selbst in der Hand. In meinem letzten Jahr der U23 gab ich alles, doch dadurch wurde der Markt nicht größer. Im Gegenteil: Trotz des öffentlichen Booms der vergangenen Jahre bot der Radsport in Deutschland nicht viele Gelegenheiten, um berufsmäßig einzusteigen. Klar, es gab T-Mobile, das Über-Team, zu dem ich auch so gern gegangen wäre. Aber von dort kamen keine Signale, dass ich für die Mannschaft von Interesse sein könnte. Nach vier Jahren Ausbildung im Nachwuchs blieben so nur noch drei mögliche Arbeitgeber für mich: Lamonta, Gerolsteiner und Wiesenhof. Im Ausland hatte der deutsche Radsport damals schon einen eher schlechten Ruf, deutsche Nachwuchsfahrer waren selten begehrt. Aus meinem Jahrgang blieben die allermeisten in jenem Jahr auf der Strecke. Selbst Sibi, mit dem ich schon so viel erlebt und der so viel gewonnen hatte, kam nur mit Mühe bei Lamonta unter – einem kleinen deutschen Team der dritten Liga im internationalen Radsport. Und ich hatte mal wieder das Glück, dass sich andere für mich einsetzten: Olaf Albrecht vermittelte einen Kontakt nach Leipzig, wo Michael Schiffner und Jörg Strenger das Team Wiesenhof führten.

Ich hatte mich in den letzten Jahren empfohlen und Olaf Albrecht tat das Seinige dazu: Im Herbst 2004 hatte ich das Vertragsangebot der Pro-Continental-Mannschaft vorliegen, die damals auf Wachstum setzte und von zehn auf vierzehn Fahrer aufstockte. Geredet wurde wie üblich nicht viel. Ich sah nur den Vertrag vor mir liegen und hatte keine Zweifel. Bis hierhin hatte ich keinen Plan B gehabt (oder einen rein rudimentären mit meiner Ausbildung), das war mir immer zu abstrakt und das hatte ja auch funktioniert. Jetzt war der Sprung ins Profigeschäft, auf die internationale Bühne, nur eine Unterschrift entfernt. Über die Bedingungen, über den Lohn wollte ich gar nicht anfangen zu verhandeln. Ich blickte nicht mehr nach links und rechts. Friss oder stirb, dachte ich damals, und ich war stolz: Ich würde 2005 als Rennrad-Profi fahren – und meine Familie immerhin mit etwa 27 000 Euro im Jahr unterstützen.

Illustrer Marmor & illegale Mittel

Der spiegelglatte, helle Marmor glänzt in der Lobby, die mit Teppich und gestreiften Tapeten gedämpften Zimmer im Ritz Carlton von Doha bieten viel Rückzugsraum und die Eleganz des internationalen Jet-Set. Aus den Fenstern des klimatisierten Hotelturms schaue ich auf die Baustellen der boomenden Hauptstadt der Gasnation Katar, auf die Küste vor der arabischen Halbinsel, auf den Persischen Golf. Für jemanden, der mit seiner Freundin und seiner wenige Monaten alten Tochter in einer engen Rostocker Wohnung lebt und vor gar nicht langer Zeit seine Lehre abgeschlossen hat, fühlt sich dieser Luxus unwirklich an.

Die Polizeiwache in Hürth wirkt wie das typische Gebäude einer deutschen Behörde. Der Bau ist betongrau und nüchtern, außen schmucklos, innen steril und unpersönlich. Ich blicke auf Akten, auf prachtlose Büromöbel, auf Menschen in Polizeiuniform. Ich bin vorgeladen. Ich habe ein schlechtes Gefühl, ein Gefühl von Schuld. Auch dieser Moment fühlt sich unwirklich an, er brennt sich negativ ein.

Zwei Orte, zwei Erlebnisse, zwei Momente, die zur Einstiegszeit in meine Profikarriere gehören und etwa zwei Jahre auseinanderliegen. Der Traum vom Profisein erfüllte sich und bald darauf schon geriet ich in einen Albtraum, der sich auf meine Möglichkeiten auswirkte. Wie in einem Albtraum konnte ich nichts dagegen tun, dass das Geschehen über mich hereinbrach. Aber ich war dennoch nicht bereit, meinen Traum zu begraben.

***

Wenn man die nächste Stufe erklettert, wird es nicht einfacher, im Gegenteil. Es gibt das schöne Zitat von Tour-Sieger Greg LeMond. Nichts falle einem leichter, wenn man besser werde – man werde nur schneller. Als immer noch junger, schüchterner André mit meinen 22 Lenzen fand ich mich auf der Landstraße von Sineu nach Palma de Mallorca wieder, um mich herum gestandene Profis und richtige Stars, die nun ihrem Karriereende entgegengingen. Jens Heppner war dabei, Ralf Grabsch, David Kopp. Es war das erste Trainingslager mit Wiesenhof und mein Talent wurde hier von den Kollegen vermessen.

Die Straße nach Palma ist wellig, oft steht der Wind drauf. Es ist die Art vermeintlich flacher Strecke, die einem Rennradfahrer richtig zusetzen kann, wenn man mit hohem Tempo fährt. Es war der Spätherbst 2004 und offensichtlich sollte heute über mich ein Urteil gefällt werden. Wir fuhren in Zweierreihe, neben mir unser damaliger Trainingsweltmeister Martin Müller, und wir waren an der Reihe, Führungsarbeit zu übernehmen. Er drückte unheimlich aufs Tempo. Er wollte mir an diesem Tag einen verpassen, wollte zeigen, dass ich nicht so gut führen kann wie er. Ich ließ mich nicht unterkriegen. Damals machte ich etwas, was mir häufiger gelungen ist in meiner Karriere: Ich hielt den Mund, setzte mein bestes, neutrales Schauspielergesicht auf und ließ die Beine sprechen. Ich drückte härter und hielt mit. Und dann scherte Martin Müller irgendwann aus, einfach so. Den nie ausgerufenen Wettkampf, diese Probe aufs Exempel bei den Profis, hatte ich gewonnen. Ich war allerdings froh, dass ich nicht noch auf die Extrarunde musste, die die älteren Profis an diesem Tag noch vor sich hatten.

***

Ich war jung, ich war naiv und ich war glücklich, als ich Ende Januar 2005 die glamourösen Seiten des internationalen Profisports kennenlernte. Das Emirat Katar hatte seine Bemühungen seit einigen Jahren gesteigert, um den Spitzensport zu nutzen und ein positives Image in die Welt zu transportieren. So hatte das kleine, reiche Land am Persischen Golf auch unseren Sport entdeckt und eine Rundfahrt durch die Wüste ausgelobt. Mit unserem Team Wiesenhof waren wir eingeladen, um Schwung in das Geschehen zu bringen. Es war eine Gelegenheit für uns, solche Rennen wollte das Team nutzen. Der Veranstalter schien keine Geldsorgen zu haben, im Gegenteil. Das Hotel, in dem wir wohnten, hatte fünf Sterne, die Verpflegung war großartig, die Logistik der Rundfahrt mit viel Geld und dem Team um Eddy Merckx, den größten Radsportler aller Zeiten, auf höchstem Niveau.

Im Laufe der Jahre habe ich einen anderen Blick auf die Katar-Rundfahrt gewonnen. Ein paar Jahre später wurde mir klar, wie schlimm es um die Arbeiterrechte dort steht, wie groß das Leid der Männer aus Nepal und Indien ist, die auf den Baustellen für die Fußball-WM 2022 malochen. Je mehr ich darüber las, desto mehr Probleme hatte ich damit, den Sport in diesem Umfeld zu betreiben. Dies sind die Schattenseiten des globalisierten Sports.

Aber damals, 2005, da war ich einfach nur mit dem Kopf bei meiner Sache und das war die erste Rundfahrt als Profi. Es gab viele Kollegen, die sagten: Dort, in Katar, kannst du das Radfahren wirklich lernen und sehen, wer ein guter Fahrer ist. Auch wenn es flach ist in der Wüste und am Meer, die Rennen auf den breiten Straßen durch die Einöde sind schwierig. Der Wind zerreißt die Fahrerfelder, man muss hier auf der Hut sein und auch Power haben. Die Rundfahrt war immer sehr prominent besetzt, als vom Wetter unabhängiger Termin zu Jahresbeginn bot Katar uns eine gute Chance, in die Saison zu starten. In dem Jahr, in dem ich dort mein Debüt feierte, waren Tom Boonen, Mario Cipollini und Robbie McEwen dabei, absolute Topstars der Branche, in die ich mich gerade hineinwagte.

Auch wenn ich neu war, hatte ich das Gefühl, gut mithalten zu können. Das ermutigte mich. Es wirkte, als könnte mir der Sprung zu den Profis gelingen. Ich sog die Eindrücke auf. In einem Rennen zu fahren, das der Popstar des Radsports, Tom Boonen, gewann – und nicht irgendwo abgeschlagen hinter ihm ins Ziel zu rauschen –, das war für mich ein Genuss.

***

Einen Monat später war von diesem Gefühl nichts mehr übrig. Ich kam mir vor wie ein Wasserskifahrer, jedenfalls hatte ich nicht den Eindruck, denselben Sport zu betreiben wie die anderen Fahrer, die am *Omloop Het Volk* teilnahmen. Das Rennen gehört zum Eröffnungswochenende der Klassikersaison in Belgien, der mediale Rummel ist enorm, die Zuschauer zieht es in Massen an die Strecke. In Gent, einem der wichtigsten Orte des Sports, zieht es die Anhänger zu den Teams, die sich an der alten Messehalle neben der mythischen Sechstage-Arena »T'Kuipke« aufbauen. Aber nicht nur die Party an der Straße war anders als in Katar, wo es keine Fans gab. Der Speed im Peloton war enorm. Ich wusste gar nicht, was ich tat, während die Männer um mich herum nur so um die Wette knallten. Ich war taktisch überfordert mit dem Rennen in Belgien, aber ich gewann auch einen anderen Eindruck. Irgendwas war passiert in den Wochen seit Katar. Ich glaubte mich wesentlich schwächer als die anderen Fahrer und hatte so meine Zweifel, ob die Leistungen der anderen mit sauberen Mitteln zustande kamen. Ich konnte das nicht wirklich beurteilen, aber das Gefühl war da. Aber klar ist auch: Als Neuprofi hat man es schwer in diesem Geschäft. Ich habe das Rennen nicht beendet, sondern bin mit dem Besenwagen ins Ziel gefahren.

***

Das erste Jahr bei den Profis war ein Auf und Ab. Anders als man beim Blick auf das Rennen in Katar hätte denken können, war unsere Mannschaft nicht gerade üppig ausgestattet und ich musste das Beste rausholen aus einem Leben, das noch ziemlich improvisiert war. Wir wohnten noch in Rostock, sodass ich weiter viel Reiserei hatte. Der nächste Flughafen war Berlin, Trainingspartner gab es zu Hause keine. Im Frühling bekam ich Pfeiffersches Drüsenfieber, das durchkreuzte meine Pläne. So dauerte es länger, bis ich mich endlich in Szene setzen konnte.

***

Der 7. August 2005 ist ein entscheidender Tag in meinem Leben. Hinter mir liegt eine Woche Rennen, bei der ich mich vielfach stark präsentiert habe. Vor mir liegt eine leicht ansteigende Zielgerade. Die Sommersonne scheint auf Dänemarks Hauptstadt Kopenhagen, an der Fredriksberg Allé westlich des Stadtzentrums stehen Menschenmassen hinter den Absperrgittern. Ich bin mit einer sechsköpfigen Gruppe auf diese letzten Meter gerast, jetzt geht es um alles. Ich bin erstaunlicherweise nicht nervös, sondern wittere eine perfekte Gelegenheit. Die Strecke hierher war kurvig, sodass die Fahrer aufgereiht sind. Ich sehe die Straße vor mir und nur noch das Ziel. Ich drücke alle Kraft in die Pedale. Ich hole einen satten Vorsprung raus. Ich reiße den linken Arm hoch. Ich habe meinen ersten Profisieg in der Tasche.

Es ist ein Moment, den ich nutzen musste. Eigentlich war ich hier in Dänemark nicht der vorgesehene Sprinter unseres Teams, eigentlich hatte ich für Sebastian Siedler arbeiten sollen. Aber bei Sebastian lief nicht viel zusammen damals, während ich erstaunlich stark fuhr. Schon zum Auftakt der Dänemark-Rundfahrt hatte ich es gleich zweimal aufs Podium geschafft, mit Platz zwei und drei. Auch wenn die Mannschaft mit einer anderen Strategie nach Dänemark gereist war, diese Chance durfte ich nicht liegenlassen. Ich wusste jetzt, dass ich Sprinter war. Und das Team wusste, dass ich ihm einen Sieg bringen konnte. Ich habe vorher nichts gefordert, aber die Leistung führte automatisch dazu, dass unsere sportliche Leitung die Pläne umstellte. Am Ende fuhren alle für mich. Und ich konnte die Schlussetappe fahren, ohne mir einen Kopf zu machen.

***

Im Rückblick mischt sich etwas anderes in das Bild, wenn ich mir das damalige Geschehen nochmal anschaue. Bei jener Dänemark-Rundfahrt gab es einen Athleten, der machen konnte, was er wollte: Ivan Basso, der italienische Superstar, der kurz zuvor bei der Tour de France auf Platz zwei der Gesamtwertung gefahren war. Es war erstaunlich, wie überlegen Basso damals in Dänemark war. Wenn er eine Attacke lancierte, konnte niemand folgen. Er fuhr in einer anderen Liga.

Mit dem Wissen von heute bleibt wenig Bewunderung. Basso war bei der Tour auf dem Podium gelandet, hinter Lance Armstrong, dem alle seine Titel wegen Dopings wieder aberkannt wurden. Basso selbst flog im folgenden Jahr auf, als die Ermittler der Guardia Civil in Madrid den Gynäkologen Eufemiano Fuentes hochnahmen. Sie fanden Beweise für ausgeklügeltes Doping im Spitzensport – und Basso war einer der prominentesten Kunden, die ihre Manipulation eingestehen mussten. Das alles konnte ich im Sommer 2005 noch nicht wissen. Aber es spielte sich bereits hinter den Kulissen ab, während ich noch meine Rolle im Peloton suchte.

***

Einmal war ich so fertig, dass ich direkt nach der Etappe im Hotel eingeschlafen bin – in der Teamkleidung, ungeduscht, unverpflegt. Erst zwei Stunden später wachte ich wieder auf. Das war in Sölden, zehn Tage nach meinem ersten Profisieg. Bei der Deutschland-Tour hatte ich gemacht, was ich für richtig hielt. Auf dem Weg von Kufstein zum Rettenbachferner oberhalb des Ötztals war ich unbekümmert losgefahren, damit das Logo unseres Sponsors gut sichtbar im Fernsehen wäre. Ich fühlte mich gut und traute mir zu, in der Spitzengruppe über hochalpine Pässe zu jagen. Bis zum Kühtai lag ich tatsächlich mit vorne, doch dann war es aus. Die Favoriten überholten mich, auf dem finalen Anstieg dann fast alle anderen. Meinen ehrgeizigen Auftritt hatte im Fernsehen kaum einer gesehen, meinen Kampf am Ende sah erst recht niemand. Ich hatte einen Hungerast, war einfach fertig. Am nächsten Tag reichte die Kraft dann kaum noch, es ging über den Arlbergpass zum Bodensee. Dort entschied ich mich, aus der Deutschland-Tour auszusteigen. Das sind Entscheidungen, die ich sehr ungerne treffe.

***

Mein erster Sieg kam gerade recht. Denn im Sommer 2005 tat sich hinter den Kulissen etwas, das für meine noch junge Karriere sehr bedeutsam war. Zunächst waren es nur Gerüchte. Es hieß, dass unser Team Teil einer Fusion werden sollte, dass Manager Jörg Strenger an einer neuen Auswahl auf dem höchsten Level des Profiradsports arbeitete. Aus Gerüchten wurde Gewissheit und Strenger machte mir klar, dass er mich auch im neuen Team dabeihaben wollte. Man muss sogar sagen: Er pochte darauf, dass ich dabeibleibe, er pochte auf einen Vertrag, den es gar nicht gab. Denn mit dem Zusammenschluss, der bald als Team Milram bekanntwerden sollte, änderte sich ja auch in juristischer Hinsicht der Vertragspartner für mich. Alleine hätte ich die Lage sicher nicht überblickt, aber dank meines Managers Olaf Albrecht gewann ich Handlungsfreiheit. Das war wichtig, denn jetzt hatte ich ja bewiesen, dass ich mich als Sprinter durchsetzen konnte. Das Team Milram aber, auch wenn es in die Topklasse des Sports wollte, hatte bereits zwei Sprinter im Aufgebot, und was für welche: Alessandro Petacchi und Erik Zabel, die zwei Top-Sprinter der jüngsten Vergangenheit und Gegenwart. Auch wenn ich ein nahezu unbeschriebenes Blatt war, leuchtete mir ein, dass ich in diesem Umfeld bis auf Weiteres keine eigene Chance erhalten würde. Olaf Albrecht stellte dann Kontakt zu Olaf Ludwig her. Ludwig, der Held meiner Kindheit, leitete jetzt das T-Mobile-Team, den Branchenkrösus aus Deutschland. Mit meinem Sieg in Kopenhagen im Gepäck hatte er gute Argumente, vor allem aber hieß es aus Bonn, dass man jetzt jüngere Sportler heranziehen wolle.

Ich kann von Glück sagen, dass Olaf Ludwig mir die Türen öffnete und einen Zweijahresvertrag anbot. Ich würde 2006 für das beste deutsche Team fahren, würde deutlich mehr Geld verdienen als in meinem ersten Profijahr – und ich würde eine Chance bekommen, regelmäßig der Mann für die Zielgerade zu sein. Wäre die Sache nicht so gelaufen, hätte Jörg Strenger mich überredet, ich bin ziemlich sicher, dass meine Karriere bald vorbei gewesen wäre oder zumindest einen ganz anderen Verlauf genommen hätte.

***

Im Spätherbst 2005 katapultierte mich der neue Vertrag in eine ganz neue Welt. Ich war plötzlich Teamkamerad von Jan Ullrich, dem einzigen deutschen Tour-de-France-Sieger. Ich gehörte zur selben Auswahl wie Andreas Klöden, Oscar Sevilla und Serhij Hontschar. Wieder war es ein Hotelerlebnis, das mir die Entwicklung vor Augen führte. Im November kamen wir als T-Mobile-Team im Münchner Interconti-Hotel zusammen, natürlich fünf Sterne. Ich belegte mit einem kantigen Athleten das Zimmer, einem gestandenen Profi, der international gefeiert wurde. Erneut war ich plötzlich in einem Umfeld, auf das ich nicht vorbereitet war. Ich hatte vor allem Respekt.

Unser Zusammentreffen diente der Vorbereitung, es gab auch Untersuchungen – nicht nur PR-Termine. Aber mein Zimmergenosse zeigte mir die Freiheiten eines gestandenen Profis und die Rolle, die ich einnehmen würde. Ich schlief im Hotelbett, während er feiern ging. Irgendwann zwischen fünf und sechs am Morgen stolperte er rein, ich war sofort wach. Ich hätte die Aufgabe, sagte er mir, ihn am nächsten Morgen wachzumachen, denn er habe vormittags einen Termin beim Teamarzt. Ich machte danach selbst kein Auge mehr zu und weckte ihn, wie er mir aufgetragen hatte. Ich hätte, so wie er ins Zimmer gekommen war, nicht erwartet, dass er sich dann so schnell aufrafft. Doch er öffnete flugs eine Dose Red Bull und ging zu seinem sportmedizinischen Check.

Bald darauf ging es mit dem Privatflieger ins Montafon in Österreich. Hier war Teambuilding in einer Baude – einer Schutzhütte – angesagt, ein paar Tage abgeschieden als Mannschaft mit allen Fahrern sowie dem Leitungs- und Betreuerstab. Ich staunte nicht schlecht über das, was dann in den ersten paar Stunden in der Bergwelt passierte. Es war eine gewaltige Party, bei der erheblich zu viel getrunken wurde. Ich hatte das Glück, dass Eric Baumann mich aus irgendwelchen Gründen unter seine Fittiche nahm, um mich vor dem Schlimmsten zu bewahren. Auch Eric kam aus Rostock, wir kannten uns, er war als Sprinter quasi meinen Weg vorgegangen, bei Wiesenhof eingestiegen und seit zwei

Jahren bei meinem jetzigen Team. Er kannte das schon. Für mich war dieses Zusammentreffen ein krasses Ereignis, ein Einblick in eine andere Welt, mit Saus und Braus und auch Luxus. Um mich herum waren bestimmt zehn oder elf Fahrer, die mehr als eine Million Euro verdienten, sportlich schon so viel erreicht hatten und hier mit mir zusammen eine große Party feierten. Es waren andere, neue, für mich unwirkliche Verhältnisse. Andererseits waren diese Helden des Radsports, vor denen ich natürlich Ehrfurcht hatte, alle viel nahbarer, als ich es gedacht hätte. Ich hatte erwartet, dass Menschen, die Stars sind, etwas Besonderes haben oder sich besonders abgehoben geben. Aber das war nicht so. Hier waren die Männer, die gerade noch meine Idole gewesen waren, und ich mittendrin – und sie waren große Jungs mit viel Geld, die einen über den Durst tranken.

Diese erste Zusammenkunft mit dem Team endete in totaler Erschöpfung. Es war eine große Bühne, vielleicht zu groß, und die vielen Eindrücke und die körperlichen Strapazen waren zu viel für mich. Wir jetteten weiter nach Wien, wo auch meine Freundin dazukam. Dort stand die Teampräsentation auf dem Programm. Es war noch immer der Glamour des ganz großen Sports, den diese Auswahl vor Millionenpublikum absolvierte. Abends gingen die Kollegen feiern, aber ich hatte keine Kraft mehr. Ich musste diese Eindrücke erstmal verarbeiten.

***

2006 ist das Jahr, in dem ich persönlich als immer noch junger Profi gute Fortschritte machte. Es ist das Jahr, in dem sich das große Konkurrenzverhältnis meiner Karriere anbahnte. Und es ist vor allem das Jahr, in dem der Boom des deutschen Radsports als Folge einer Reihe von Skandalen förmlich implodierte. Ich war jetzt weit gekommen, aber um mich herum brachen nicht nur die Fassaden ein.

***

Als Teil der Verjüngung und Internationalisierung des größten deutschen Teams kommt 2006 auch Mark Cavendish zu uns in die Mannschaft, allerdings erst im Sommer. Mark ist, das muss man schon so sagen, der große Rivale meiner Laufbahn. Er ist drei Jahre jünger als ich, kommt von der Isle of Man und hatte sich beim Team Sparkasse in Deutschland gezeigt. Er ist, genau wie ich, einer für die letzten Meter – auch wenn er körperlich nicht so bullig wie ich daherkommt. Bis in die Endphase meiner Karriere ist Mark immer wieder der Mann, der mir das Leben auf der Zielgeraden schwermacht. Freunde sind wir ganz sicher nicht geworden, dafür ist das Konkurrenzverhältnis zu ausgeprägt.

***

T-Mobile war so etwas wie das Bayern München des Radsports. Natürlich wurden die meisten Mittel für die großen Rundfahrten eingesetzt, aber es blieb auch Raum für die geduldige Entwicklung meiner Fähigkeiten. Ich wurde dem Sprintzug von Olaf Pollack zugeordnet, was bedeutet, dass ich mich für seine Etappensiege voll ins Zeug legen sollte. Das war ein ganz anderes Level als im Vorjahr und mit Eric Baumann, André Korff und mir konnten wir richtig Gas geben. Bei der Tour of California im Februar reiste ich nicht nur erstmalig nach Amerika. Wir holten auch zwei Etappensiege, und ich fuhr sogar einmal aufs Podium mit Platz drei. Alles zeigte mir, dass ich auch schnell genug war, um auf diesem Niveau zu gewinnen.

Der Radsport hat die Eigenheit, dass unterschiedliche Teile einer Mannschaft relativ selten miteinander in Kontakt sind. Unser Sprinter-Zug hatte ein vollständig anderes Programm als die Protagonisten für die großen Klassikerrennen und natürlich unsere Auswahl für das Gesamtklassement bei der Tour de France. Ich hatte mein Programm und fuhr dann auch erste Siege ein, bei der Rheinland-Pfalz-Rundfahrt. Diese Veranstaltung ist ebenso wie die anderen Mehrtagesrennen in Deutschland, etwa in Bayern oder Hessen, leider Geschichte. Und das hat mit einer traurigen Entwicklung zu tun, an der auch meine damalige Mannschaft maßgeblich beteiligt war. Der Skandal zog vieles mit sich.

***

Es ist merkwürdig. Ich habe ein sehr gutes Gedächtnis. Ich kann mich an kleinste Details, an genaue Radpositionen mitten in einem Rennen, selbst noch viele Jahre später erinnern. Aber für den 30. Juni 2006 gelingt mir das auch mit viel Mühe nur schemenhaft. Ich sehe Bilder, wie Jan Ullrich von Kameras verfolgt wird, wie er in ein Auto steigt. Es ist der größte Skandal im deutschen Radsport, Jan soll gedopt haben, das ganze Land diskutiert die Sache. Und ich erfahre es, wie die allermeisten Menschen im Land, aus den Medien. Vom Team hat es bis zu diesem Moment keine Information, keine Vorwarnung gegeben. Auch wenn es heute naiv klingen mag: Ich hätte niemals damit gerechnet, dass sich etwas zuträgt, wie wir im Laufe der folgenden Monate gelernt haben. Die Lage war erdrückend: der große Star unseres Sports, der Mann, der wie ich aus Rostock kam, stand als Betrüger im Rampenlicht. Mein geliebter Radsport, das Hobby meiner Jugend, der Beruf meiner Zukunft, war erschüttert. Ich wusste natürlich von den Skandalen der Vergangenheit. Aber darüber, dass Dopen in diesem Ausmaß auch in meinem Umfeld möglich war, hatte ich nie ernsthaft nachgedacht.

***

Ich frage mich bis heute, wie ich so naiv sein konnte. Ich war 2006 bei der Kalifornien-Rundfahrt mit Bernhard Kohl auf dem Zimmer, der die Rundfahrt als Zweiter beendete. Später überführte man Bernhard als Doper. Ich kann mich nur daran erinnern, dass er in Kalifornien sehr viel Zeit im Badezimmer verbracht hat, aber ich hatte das Thema Doping nicht auf dem Schirm. Für mich selbst kann ich sagen, dass ich nie in Versuchung gekommen bin, aber dass auch nie irgendjemand diesbezüglich an mich herangetreten ist. Mag sein, dass das eigenartig klingt, aber ich weiß, dass dieser Sport, wie ich ihn betreibe, ohne Manipulation möglich ist. In der frühen Phase meiner Karriere musste ich die Naivität überwinden und eine Haltung entwickeln, ich hatte keine andere Wahl. Ich brauche aber keine großen Reden zu schwingen. Meine Taten sollen für sich sprechen, sie müssen aufrichtig sein und sich mit meinen Überzeugungen decken. Ich muss mir im Spiegel in die Augen schauen können – und meine Familie mir vertrauen, wenn ich sage, dass ich immer sauber unterwegs war.

***

Dennoch habe ich oft so etwas wie Schuld gefühlt. 2006, als die Bombe platzte, fuhr ich ja ebenso in dem magentafarbenen Trikots wie die Stars, deren Unschuld sich in Anbetracht der Beweise kaum mehr behaupten ließ. Ich fühlte mich auch schuldig, weil ich im selben Team unterwegs war, weil ich ein Idol hatte, das betrogen hatte. Ich stand für etwas, das durch und durch verlogen war. Das konnte ich nicht einfach so ignorieren.

So prallten in meiner frühen Karriere zwei Wahrnehmungen aufeinander. Ich konnte mich auf der einen Seite sehr gut entwickeln, bekam Unterstützung und sehr gute sportwissenschaftliche, aber auch medizinische Begleitung vom Team. Ich durfte sogar meine erste große Landesrundfahrt bestreiten, im Spätsommer 2006. Bei der Vuelta in Spanien gelang es mir in León auf der sechsten Etappe im Zielsprint Erik Zabel hinter mir zu lassen, nur Thor Hushovd aus Norwegen war einen Ticken schneller im Ziel. Aber bald darauf wurde mir auch klar, dass die dreiwöchige Rundfahrt auf diesem Niveau noch eine Nummer zu groß für mich war. Nach neun Etappen sagte ich zu meinem sportlichen Leiter, Jan Schaffrath, dass es nicht mehr ging. Ich war kränklich. Ich hätte mir irgendwie helfen können, mal an einem Auto festhalten, mal irgendwo mitrollen, aber so ein Verhalten hätte meinem Wesen widersprochen. Unser Sport, das muss man festhalten, ist auf Profi-Ebene ganz sicher nicht gesund, die Belastungen sind brutal. Aber man muss, bei allem Mythos und aller Lust am Leiden, immer noch sehen, welchen Preis man zahlt.

***

Auch wenn ich niemals in Versuchung gekommen bin zu dopen, habe ich doch auch einen Preis für das Doping bezahlt. Der Zorn der Menschen auf uns war groß. Bis heute, also meine ganze Karriere, hat es diesen Schatten gegeben, gerade in Deutschland. Ich erinnere mich noch an einen Tag, als ich im Training an einer Kneipe vorbeifuhr. »Dopingschwein«, schrie jemand rüber. Es passiert mir nicht oft, dass ich mich auf so etwas einlasse, aber da musste ich einfach anhalten und diskutieren. Ich war angegriffen, ich fühlte mich persönlich beleidigt und zu Unrecht beschuldigt. Den Mann, der mich beleidigt hatte, blaffte ich an: »Organisier dir alle Mittel, die du kriegen kannst, dann sehen wir mal, wer danach schneller fährt!« Es hatte sich etwas angestaut bei mir.

Das hat auch damit zu tun, dass ich der Situation ausgeliefert war. Man muss sich das einmal vorstellen. Meine Frau und unsere Tochter waren mittlerweile meinetwegen nach Hürth bei Köln umgezogen, hier gab es den Flughafen in der Nähe und viele Trainingspartner. Wir wohnten in einer Wohnung, die uns Martin Scheuer organisiert hatte, Herz und Seele des traditionsreichen Radsportclubs Schmitter in Hürth. Ich hatte jetzt einen besser dotierten Vertrag und wir hätten gern ein eigenes Haus gekauft, doch für die nötige Finanzierung bekamen wir damals keine Zusage. Bei den Banken winkte man nur ab, schließlich könne ich ja schon bald wegen Dopings ohne Vertrag dastehen, dann gebe es keine Einkünfte mehr, um das Darlehen zu bedienen. Das waren die realen Auswirkungen, die der Dopingskandal auf uns hatte. Es dauerte einige Jahre und ein Bankberater, der dem Sport zugetan war, bis ich endlich die einzige Zusagen zu einem Immobilienkredit bekam. Der Zins, das sollte man dazusagen, fiel deutlich schlechter aus, als der Markt es hergegeben hätte.

***

In meinem privaten Umfeld machten sich einige Leute eher Sorgen, dass ich in etwas verwickelt werden könnte. »Junge, pass bloß auf«, war ein Satz, den ich häufiger hörte. Es war die Zeit, in die ich dazu gezwungen wurde, meine Haltung nicht nur zu leben, sondern auch zu vertreten. Immer wieder habe ich Geschichten von Fahrern gehört, die zu Hause in den Kühlschränken alle möglichen Pharmaprodukte lagern. Ich selbst musste mich schon vor meiner Frau rechtfertigen, wenn ich am heimischen Küchentisch die verschriebenen Vitamintabletten zu mir genommen habe. Dieses kritische Umfeld hilft mir, aber es ist auch sehr mühsam. Ich weiß seit dem Start in meine Karriere, wie tief der Fall sein kann. Und die Situation, die wir 2006 und 2007 durchlebten, war wirklich existenzbedrohend.

Der Umbruch im Team in meinem ersten Jahr bei T-Mobile war so groß, dass ich es kaum fassen konnte. Ich fuhr mein Rennprogramm und gleichzeitig wurde alles umgekrempelt. Bob Stapleton, der kalifornische Milliardär, stieg bei uns ein und verkündete das Anti-Doping-Team. All das war im Jahr 2007 schnell unter einer weiteren Welle an Enthüllungen untergegangen und kaum ein großer Namen bliebt verschont. Bert Dietz, Udo Bölts, Rolf Aldag, Christian Henn, Brian Holm und Bjarne Riis, sie alle gestanden Doping nach den Vorwürfen im Buch ihres ehemaligen Soigneurs Jeff D'hont. Die beiden Sportmediziner Lothar Heinrich und Andreas Schmid, die ja auch für mich zuständig waren, gerieten ebenfalls ins Zentrum des Skandals. Egal, wie klar mir meine eigene Unschuld war, die Lage war verfahren. Und in jedem Meeting unseres Teams schwang eines mit: Der Sponsor, die Telekom, könnte jederzeit die Reißleine ziehen.

***

Ich spreche nicht oft von Hass, aber bei einem Menschen empfinde ich dieses Gefühl. Auch wenn man vergeben muss, wenn man den Menschen eine neue Chance geben sollte – dieser eine Mann bringt bei mir negativste Emotionen hervor. Es war im Juli 2007, als wieder mal ein deutscher Radprofi aus meinem Team für negative Schlagzeilen sorgte. Allen war klar, dass es keinen Raum mehr gab für Nachgiebigkeit. Doch Patrik Sinkewitz hatte in diesem Jahr nach dem riesigen Knall wieder gedopt. Im Juni hatte er Testogel benutzt, im Juli stolperte er darüber, abstreiten musste er gar nichts mehr. Die Konsequenz: ARD und ZDF stellten auf Jahre ihre Live-Übertragungen der Tour ein. Die Chancen, mit dem Beruf gutes

Geld zu verdienen, waren schlagartig gesunken. Bob Stapleton verkündete 20 Prozent Gehaltskürzungen und auch hier blieb kein Spielraum für Diskussionen. Ich wollte den Beruf weiter ausüben, ich wusste, dass ich es sauber schaffen kann. Aber ich wusste auch, dass es jetzt nicht leichter geworden war als vor meinem Einstieg bei den Profis. Als deutscher Fahrer einen neuen Vertrag woanders zu ergattern, das kam mir fast unmöglich vor.

Der Dopingfall Sinkewitz ist der, der mich am meisten, am stärksten getroffen hat, auch wenn es natürlich andere Fahrer gab, die mich enttäuscht haben. Etwa Danilo Hondo, vor dessen Fahrstil und dessen Arbeit als Trainer ich enormen Respekt gewonnen hatte, dessen Verwicklung in den Erfurter Dopingskandal vor ein paar Jahren dann aber irgendwie weiter weg wirkte. Oder Georg Preidler, der im selben Zusammenhang, der Operation Aderlass, nicht nur überführt, sondern sogar inhaftiert wurde. Bei ihm hatte auch ich mich gewundert, wie die plötzliche Leistungsexplosion zu erklären war. Aber diese Enthüllungen waren irgendwie weit weg und ich glaube auch, dass ich mich ein bisschen abgehärtet habe, dass ich es einfach nicht mehr so an mich heranlasse. Bei Patrik, dem ich sehr nahe war, war das anders. Im Jahr, bevor er seine Manipulation eingestand, habe ich mich für Patrik bei der Hessen-Rundfahrt aufgeopfert und wir haben ein Zimmer geteilt. Doch die Meinung, die ich nach den Fehltritten zu Patrik habe, erkannte man an meinem Gesichtsausdruck und in meinem Schweigen, wenn er später bei einem Radrennen in der Nähe war.

***

Der Ausblick aus dem Hotelturm in Doha Anfang 2005 versprach eine großartige Zukunft, auf die ich noch nicht so recht vorbereitet war. Die zwei Jahre, die folgten, der Wechsel von Wiesenhof zu T-Mobile, die Aneinanderreihung an Skandalen und nicht abreißenden negativen Gefühlen, all das war zu viel, um es damals zu begreifen, um es zu verarbeiten. Mein Blick auf die Welt und das, was über diese Welt berichtet wurde, drifteten auseinander. Man kann es so sagen: Ich war nicht schnell genug, um dort zu sein, wo sich gerade entwickelte, was mich als Nächstes treffen würde.

Und so saß ich, irgendwann im Jahr 2007, plötzlich in einem Vernehmungsraum bei der Polizei in meinem neuen Wohnort Hürth. Nach den Enthüllungen von Jeff D'hont war auch die Justiz auf die Dopingpraktiken aufmerksam geworden. Der Heidelberger Krebsforscher und Dopingbekämpfer Werner Franke hatte Strafanzeige gestellt gegen Lothar Heinrich, den Arzt, der mir noch die Trainingspläne geschrieben hatte und bei Rennen begegnet war. Ich wusste, dass ich nie eine Dopingsubstanz von den Freiburger Ärzten bekommen hatte. Ich wusste jetzt, nach allem, was bekannt war, aber auch, dass sie als Mediziner ein ganzes Manipulations-System gemanagt hatten, das ließ sich nicht mehr vertuschen. Die Medien waren voll damit. So saß ich, in meinem dritten Jahr als Radprofi, vor Polizeibeamten, um in einer Strafsache auszusagen. Ich habe mich hineinversetzt in die Sicht der Zuschauer, der anderen. Auch ich bin Sportfan. Auch ich hätte riesige Probleme gehabt, die Worte der Männer aus dem Sport zu glauben.

Jetzt saß ich hier am Vernehmungstisch. Ich kann mir nicht vorstellen, dass ich etwas Wertvolles beigetragen habe, das für die weiteren Ermittlungen von Belang war. Aber ich weiß ganz genau, was dieser Tag mit mir gemacht hat. Es reicht, dort zu sitzen, um ein Gefühl von Scham zu entwickeln. Es ist ein Gefühl von Scham, das mich geimpft hat.

Es war mein Glück, dass der naive Junge, der so viele Jahre in die Pedale getreten hatte, noch immer auf der Strecke war, dieses Mal aber vielleicht ein bisschen hinterhergefahren war.

Vom Anfahrer zum Siegfahrer

Gewinnen selbst ist gar nicht so kompliziert. Aber die Welt drumherum meist schon. Ich bin kein Freund der Verstrickungen, kein Typ für Hinterlist oder alternative Szenarien. Ich war bis hierhin gekommen und dabei hatte ich vor allem auf meine Beine und meinen dicken Schädel zählen können. Ich war mir sicher, dass ich schnell genug war, um andere auch ohne große Worte zu überzeugen. Denn das mit der Welt der großen Worte musste ich erst noch lernen. Oder besser: dass ich lieber genau darüber nachdenke, was ich sage, bevor ich in ein Mikrofon spreche.

***

Der körperliche Akt des Siegsprints bietet wenig Raum für Interpretationen, aber was drumherum passiert, dazu kann es unzählige Meinungen geben. Der Tag, als ich meinen bis dahin mit Abstand größten Erfolg bejubelte, war auch jener, an dem ich eine wichtige Lektion für mein Leben lernte. Es war ein Sieg, der mir Sicherheit gab, aber mein Leben nicht erleichterte. Ganz im Gegenteil.

Es ist Mittwoch, der 28. Mai 2008, und ich fahre in einer scharfen Linkskurve auf die Zielgerade in Locarno. Die Sonne scheint, die Straße ist von Palmen gesäumt, die Zuschauer tragen Sonnenhüte, es herrscht sommerliche Stimmung. Vor mir führt uns mein Teamkollege Tony Martin mit seinem unverkennbaren kraftvollen Antritt auf die letzten 200 Meter, rechts neben mir hat Weltmeister Paolo Bettini die falsche Bahn gewählt und muss bremsen, hinter mir hängt mein Kollege Mark Cavendish, für den ich hier und heute der letzte Anfahrer bin. Aber ich entscheide mich gegen die Helferrolle und agiere zur Abwechslung mal rein egoistisch. Mein Manager Olaf Albrecht hat vorher zu mir gesagt: Wenn du dich gut fühlst, wenn du genug Kraft hast, dann zieh doch einfach mal durch. Und ich ziehe durch.

Ich reiße beide Arme in die Höhe. Ich bin als Erster über dem Zielstrich. Bis hierhin habe ich mich gekämpft, mehr als zwei Wochen Qualen der großen Rundfahrt in Italien liegen hinter mir. Den Etappensieg hatte ich die ganze Zeit fest ins Visier genommen. Dies hier, auf diesem flachen Zielstrich, war die letzte Chance für Sprinter wie mich beim diesjährigen Giro d'Italia, die wollte ich mir nicht nehmen lassen. Deshalb zog ich so schnell durch und dachte nicht mehr darüber nach, was Mark wohl sagen würde – unser designierter Sprinter für die drei Wochen auf dem Stiefel, der ja auch schon zwei Etappen gewonnen hatte. Jeder bekommt seine Chance, hatte uns die Teamleitung vor dem Start in den Mai gesagt. Doch jedes Mal, wenn es auf dieser Rundfahrt durch Italien zum Sprint kam, entschied sich die sportliche Leitung wie gehabt: Heute fahren wir für Mark. Ich dagegen hatte das Gefühl, dass ich auch eine Chance bekommen sollte. Also nahm ich sie mir heraus.

Allerdings, und das sehe ich an diesem Nachmittag nicht mehr rechtzeitig, weil ich ja hinten keine Augen habe: Hinter mir reißt auch Mark die Arme hoch, er ruft etwas, er freut sich für mich. Neben ihm der geschlagene Erik Zabel, der nicht mehr zu mir und an mir vorbeikommt. Ich habe diese Bilder nicht gesehen, sondern quasi Scheuklappen auf, als mich die Journalisten im Ziel ansprechen. Man fragt mich, ob das ein Geschenk von »Cav« war – und ich, der naive Junge, sage Sätze wie diesen: »Ich glaube, er wollte noch an mir vorbeifahren.« Reporter, die das nicht glauben wollten, herrschte ich an: »Wenn Sie das glauben wollen, dann ist das für mich in Ordnung. Ich weiß, dass ich schnell bin. Wenn du Sprinter bist, willst du überholen und Rennen gewinnen.« Ich hatte die Bilder nicht gesehen, die Medienleute schon. Und Mark hatte seinen Blick, der an diesem Tag der bessere war – ich hatte nun einmal keine Augen hinten und wusste nicht, dass Mark nicht durchgezogen hatte.

***

Ich hatte im Laufe der vergangenen Monate Selbstvertrauen getankt. Die schwierige Phase, in der ich meine ersten Schritte als Profi gemacht hatte, die unsichere wirtschaftliche Lage nach den nicht enden wollenden Dopingenthüllungen, all das hatte mich noch entschlossener werden lassen. Während unser Teambesitzer Bob Stapleton das Budget verkleinerte und nun im neugegründeten Team High Road auf einen Generationswechsel setzte, war ich kaum zu bremsen. Ich wollte allen zeigen, dass ich gut genug bin für höchste Ehren. Vor der Saison 2008 zeigte sich, wie gut die Zusammenarbeit mit meinem neuen Trainer war. Sebastian Weber, ein brillanter Absolvent der Deutschen Sporthochschule in Köln, verband wissenschaftliche Erkenntnisse mit eisenharter Disziplin. Ich erinnere mich an einen Tag im Winter, als es bei uns in Hürth zu schneien begann, was selten genug vorkommt, das Klima im Rheinland ist ja eher mild. Sebastian hatte mir für den Tag eine Fahrt in die Eifel angeordnet, wo ich alleine an den Anstiegen Kraft-Intervalle fahren sollte. Das Ziel war, aus dem endschnellen Talent einen Fahrer zu machen, der auch längere Berge und Rundfahrten in passabler Manier bezwingen konnte. Den Motor vergrößern, so nannten wir das damals. So etwas passiert nicht von selbst, sondern nur mit sehr aufopferungsvollem Einsatz in der Saisonvorbereitung. Also war es Zeit für die Intervalle im Mittelgebirge, wo der Winter deutlich eisiger Einzug hält als bei uns in der Kölner Bucht. Ich fragte Sebastian, ob ich das Trainingsprogramm für den Tag vielleicht verschieben könne. Er antwortete trocken, dass er nicht für die Wettervorhersage zuständig sei, sein Trainingsplan allerdings ganz sicher gelte. Heute schmunzele ich darüber, aber damals war klar, dass es keinen Spielraum gab. Sebastian nordete mich ein. Ich befolgte seinen Plan. Ich fuhr in die Eifel. Ich hatte einen sehr guten Winter.

***

Das zeigte sich in der Hitze von Adelaide. Es war Mitte Januar 2008, als ich zum ersten Mal in meinem Leben nach Australien flog. Den beschwerlichen Flug und die vollständig anderen klimatischen Bedingungen an der australischen Westküste verkraftete ich erstaunlich gut. Mein Team hatte mir diesen frühen Termin in den Kalender geschrieben und eine klare Aufgabe mitgegeben: Ich sollte Etappen gewinnen. Es war ein Sprung auf das nächste Level für mich, auch weil die Tour Down Under in jenem Jahr nach viel politischer Lobbyarbeit erstmals zur Pro Tour gehörte, wie damals die höchstrangigen Rennen vom Weltverband UCI benannt wurden.

Die Aufgabe spornte mich an. Ich hatte Unterstützung von Bert Grabsch, Marcus Burghardt, Frantisek Rabon und Bernhard Eisel, die mit mir anreisten. Wir stießen zu den australischen Fahrern in unserem Team, die bereits für die nationalen Meisterschaften in Down Under weilten. Unser Sportlicher Leiter Allan Peiper – Australier, Workaholic und Radsport-Besessener – machte die Zielstellung unmissverständlich klar. Diese Rundfahrt in Australien würden alle für mich bestreiten.

Ich brauchte nur eine Etappe, um der Rolle gerecht zu werden. Auch den zweiten, vierten, fünften und sechsten Abschnitt der Tour entschied ich jeweils für mich, ließ dabei heimische Legenden wie Robbie McEwen oder Stuart O'Grady hinter mir. Einige europäische Teams nahmen die Fahrt als verlängerten Urlaub, um bei gutem Wetter und bester Laune der örtlichen Bevölkerung den Winter gemütlich ausklingen zu lassen. Wir gingen die Sache anders an. Besonders gern erinnere ich mich an die vorletzte Etappe, die über den Willunga Hill führte, den berühmtesten Anstieg im Süden Australiens. Hier verlor ich den Kontakt zur Spitzengruppe, obwohl ich alles gab. Dann aber spannte sich Adam Hansen für mich ins Zeug. Er ließ sich zurückfallen und gab alles, damit ich in seinem Windschatten wieder in die Entscheidung um den Tagessieg eingreifen konnte. Etwa ein Kilometer vor dem Ziel waren wir tatsächlich bei den Konkurrenten, ich zog durch und sprintete vorbei an Allan Davis ins Ziel. Der Gesamtsieg gehörte mir, das Team setzte ein frühes Ausrufezeichen und ich hegte Hoffnungen auf eine blitzartige Entwicklung in der angebrochenen Saison.

***

Der Sieg änderte meine Wahrnehmung. Tatsächlich spürte ich aber auch, dass ich im Team ernster genommen wurde. Ich hatte ja im Vorjahr noch viele Sprints angefahren, für Gerald Ciolek, für Mark Cavendish. Jetzt war klar, dass ich der Finisher werden sollte. Natürlich dachte ich an die Tour de France, bei der ich im Juli unbedingt dabei sein wollte. Kein anderes Ereignis in unserem Sport ist auch nur annähernd so groß. Ich sah meine Entwicklung und ließ mich nicht auf Nebengedanken ein: Ich würde die Tour fahren, da war ich mir sicher. Aber dann kam es ganz anders, was ich – in der Rückschau – auch nachvollziehen kann.

***

Das Frühjahr 2008 verlief für mich enttäuschend. Wieso genau, das ist schwer zu sagen. Aber als wir wieder in Europa um die Wette fuhren, brachte ich nicht mehr die Ergebnisse, um meine Ansprüche zu untermauern. Mir gelang bis Mai kein Sieg mehr, nur einen Podiumsplatz erreichte ich beim Nokere-Koerse in Flandern. An großen Renntagen schaffte ich es häufig nicht ins Ziel: Die Generalprobe E3 Harelbeke und den Frühjahrsklassiker Flandern-Rundfahrt musste ich ebenso abbrechen wie Gent-Wevelgem und das deutsche Traditionsrennen Rund um den Henninger Turm, das alljährlich am 1. Mai in Frankfurt anstand.

Dennoch war ich von mir überzeugt, als ich mit der Mannschaft nach Sizilien flog, wo am 10. Mai der Giro mit einem Team-Zeitfahren begann. Ich wollte einen Etappensieg, das hatte ich mir fest vorgenommen, und mich mit diesem Etappensieg für die Tour empfehlen.

***

Der Giro d'Italia ist eine wunderbare Veranstaltung, gehört zu den traditionsreichsten Ereignissen im Radsportkalender und sein Renommee reicht weit über unseren Sport hinaus. Der Giro ist eine Fahrt, der Italiens Seele zum Vorschein bringt. Es geht durch wunderschöne alte Städte, durch frühlingshafte oder frühsommerliche Landstriche, vorbei an einer entspannt feiernden Bevölkerung. Die Farbe der drei Wochen dauernden Rundfahrt ist rosa. Überall hängt rosa Dekor, Schirme, Plakate, Ballons. Der Gesamtführende trägt ein Trikot in dieser Farbe – das *Maglia Rosa* –, und das ist unverkennbar. Die Farbe gehört tief zum Erbe des Radsports, und der Radsport gehört fest zu dieser stolzen und geschichtsträchtigen Nation. Überall an den Strecken stehen Menschen mit Rennrädern, in Radsporttrikots, sie jubeln und feiern die Fahrer, weil sie selbst diesen Sport betreiben und ihn lieben. Der Giro ist eine riesige Veranstaltung, aber er fühlt sich immer an wie ein Familienfest. Aber zu dieser Familie gehört eben auch, dass es manchmal ungemütlich wird.

Wir Sprinter haben es beim Giro mit unserem Gewicht und unserer Leidenschaft für die letzten paar Hundert Meter nicht leicht. Der Giro drückt eine große Liebe der Italiener zu hohen Bergen aus, zu den Kletterern. Jahr für Jahr ist das so: die Härten des Hochgebirges sollen die Entscheidung heraufbeschwören, für uns Sprinter geht es an die Substanz. Dennoch haben auch wir hier immer die große Chance auf prestigeträchtige Erfolge. Der Legendenstatus von Mario Cipollini, der hinter Eddy Merckx die zweitmeisten Etappen bei großen Rundfahrten gewann, basiert auch auf seinen insgesamt 42 Tagessiegen beim Giro.

***

Ich erinnere mich an die Ansage unserer Teamleitung 2008, bevor wir zum Giro starteten. Sowohl Mark Cavendish als auch ich würden die jeweils eigene Chance auf einen Tagessieg bekommen, das Team werde sich dann entsprechend aufstellen. Diese Worte hatte ich die ganze Zeit im Kopf, während ich mich durch Italien quälte.

Doch was tatsächlich passierte, war etwas anderes. Auf der dritten Etappe setzte das Team auf Mark, wir rackerten, aber es reichte nicht. Am Tag danach gab ich wieder alles, bog für Mark in die Zielgerade von Cantazaro-Lungomare ein – und Cav nutzte seine Position, sprintete vor Robert Förster von Gerolsteiner und Daniele Bennati von Liquigas ins Ziel. Wir feierten und dann wurde es hügeliger, bergiger und härter. Die neunte Etappe war für Leute wie mich prädestiniert, 218 Kilometer lang und flach. Doch wieder entschied sich unser Team für Mark, für den es zu fahren gelte. Meine Enttäuschung wuchs, aber ich machte nicht den Mund auf.

Stattdessen blieb es dabei: Wir alle fuhren für Mark, um einen weiteren Etappensieg mitzunehmen, und die Hierarche wurde zementiert. Er bestätigte das Vertrauen, ich machte meinen Job. Obwohl ich anderes in mir spürte. Auf der zwölften Etappe kam er als Zweiter ins Ziel, beim Sprint in Cittadella am Tag danach schlug er wieder die gesamte Konkurrenz. Es gibt keinen Zweifel, dass Mark einen großartigen Giro fuhr, aber ich sah mich um meine Chance betrogen. Im Rückblick muss ich sagen, dass ich damals wirklich naiv war. Ich hatte das Gefühl, dass ich ein viel besserer Fahrer war, als es die Realität zeigte. Wo waren meine Ergebnisse, die die Ansprüche hätten untermauern sollen? Welcher Teamchef hätte, auch unter dem Druck des Wettbewerbs, eine sehr wahrscheinliche Option gegen eine völlig unsichere getauscht? Ich hatte gewissermaßen Scheuklappen auf. Ich war unglücklich damit, dass es zwei Siegsprinter in einem Team gab, von denen nur einer dann wirklich auch ran darf. Also wollte ich zeigen, dass ich es kann. Ich glaubte weiter daran, dass ich hier in Italien eine Etappe holen könnte.

***

Der Giro liebt seine Berge, aber die Sprinter umschmeichelt er auf andere Manier. In jenem Jahr war die Italien-Rundfahrt noch relativ attraktiv für uns, so viele Sprintetappen gibt es nicht immer. Aber um dorthin zu kommen, musste man leiden. Und dazu war ich weiterhin bereit. Ich glaubte, auch nach Marks zweitem Erfolg, weiter an meinen Anspruch.

Nach der zweiten Woche führte uns der Streckenverlauf in die Alpen. In Val di Fiemme erreichte ich das Ziel der 14. Etappe in einem riesigen Gruppetto, das gemeinsam gegen das Zeitlimit kämpfte. Wer zu langsam ins Ziel kommt, die Karenzzeit überschreitet, darf am Tag danach nicht mehr starten. Ich quälte mich mit den anderen Mitgliedern dieser spontan entstehenden Solidargemeinschaft zur Bergankunft, mehr als 40 Minuten nach dem Gewinner der Etappe, Emanuele Sella.

Wir wissen heute, warum Sella so viel schneller war als wir. Im Sommer 2008 wurde er in einer Probe außerhalb des Wettbewerbs positiv auf CERA getestet, ein Medikament, das die Bildung roter Blutkörperchen künstlich steigert. Damit will ich nicht sagen, dass ich auch nur annähernd so schnell die Berge hinauffahren kann wie ein Sella in ungedopter Verfassung, aber natürlich steigt der Druck aufs gesamte Feld, wenn vorn in der Spitze astronomische Leistungen erbracht werden.

Auch am folgenden Tag schummelte sich Sella zum Sieg. Wieder entkam er ganz allein vorne an der Spitze und jubelte Minuten vor der Konkurrenz allein oben am Passo Fedaia in den Dolomiten. Aber auch ich tat an diesem Tag etwas, das mir bis heute unangenehm ist.

Die Etappe war eine von jenen, mit denen der Giro seine eher hart malochenden Sprinter am liebsten auf den Heimweg schickt. Klassischerweise erhöht sich der Schwierigkeitsgrad in der letzten Woche nochmal erheblich. Die Rennleitung mag den Showdown, und die italienischen Zuschauer verehren das Drama der Einzelkämpfer am Berg. Es ist die Art, wie sie hier das Radfahren am meisten lieben.

Hinten allerdings tut diese Art Radrennen brutal weh. Vor ein, zwei Jahren hatte man über mich noch gesagt: Der Greipel? Der kommt über keine Autobahnbrücke. Inzwischen hatte sich das Training mit Sebastian schon erheblich ausgezahlt. Während die Spanien-Rundfahrt im letzten Herbst noch zu strapaziös für mich gewesen war, hatte ich hier immerhin bis zur 15. Etappe durchgehalten. Aber jetzt stand die härteste Etappe an, die ich bis zu diesem Tag in meinem Leben angetreten hatte.

***

Es war der 25. Mai 2008, ein regnerischer Tag in den Dolomiten. Fast 5000 Höhenmeter standen auf dem Streckenplan. Es war Sonntag, aber ich hatte den Blick schon auf den kommenden Mittwoch gerichtet, auf die nächste und letzte Gelegenheit zum Sprint beim Giro. Doch an diesem Tag ging es vom Start weg bergauf. Der gestrige Tag hing mir noch in den Knochen, aber morgen wartete ein Ruhetag, Gelegenheit zum Erholen. Aber jetzt ging es direkt in den Berg, mit mörderischem Tempo.

Schnell war unser Team beinahe komplett abgehängt, aber selbst mit meinen Kollegen konnte ich am Anstieg zum Passo Giau nicht mehr mithalten. Ich fiel alleine hinten aus dem Geschehen, die Teamfahrzeuge überholten mich. Über das Funkgerät meldete ich mich bei unserem Sportlichen Leiter, Jan Schaffrath, und sagte ihm, dass ich es nicht mehr packen würde. Ich schaute nach vorn und sah, wie all die Kollegen, denen ich nicht hatte folgen können, mit den Händen an den Fensterrahmen von Betreuerfahrzeugen hingen. Es waren sicher 50 oder mehr meiner Wettbewerber, die sich an diesem Tag auf illegale Weise ziehen ließen. Ich sah das nur von hinten, so etwas hatte ich noch nie gewagt. Es ist unfair, es widerspricht dem fairen Wettbewerb. Aber Jan Schaffrath funkte zurück: Pass auf, André, da kommt gleich ein Motorradpolizist, der hilft dir. Die beiden hatten miteinander etwas ausgemacht. Der Polizist kam, ich hielt mich fest und ließ mich ziehen. Nicht weit, vielleicht zwei Kilometer, aber weit genug, um die Konkurrenten wieder zu erreichen, die vorne auf gleiche Weise gehandelt hatten. Meine Hemmschwelle, mir hier helfen zu lassen, war an diesem Tag wahnsinnig niedrig, weil ich gesehen hatte, wie es alle anderen machen. Was ich sah, konnten die Fernsehzuschauer damals nicht einmal ahnen. Es war die Zeit, bevor jeder Zuschauer am Straßenrand quasi Live-Bilder in die Welt senden konnte, bevor wir Athleten selbst Kameras am Rahmen und Sattel hatten, bevor die Leistungsdaten in Echtzeit durchs Netz strömten. Ich erreichte das Gruppetto, das wiederum groß genug war, um uns den Verbleib im Wettbewerb zu sichern: 35 Minuten hinter Emanuele Sella.

Berechtigterweise regte sich unser italienischer Widersacher Daniele Bennati über uns auf, als wir in dann eben doch die nächste Sprintetappe antraten. Wir hätten niemals mehr dabei sein dürfen, sagte Bennati, und er hatte recht. Eigentlich hätte man das halbe Peloton an diesem Tag disqualifizieren können beziehungsweise müssen.

***

Auch wenn all dies geschehen war, bin ich stolz auf meinen ersten Etappensieg bei einer Grand Tour (neben dem Giro gehören noch die Tour de France und die Vuelta à España dazu), den ich drei Tage später in Locarno bejubelte. Auch wenn ich medial ins Fettnäpfchen trat, war diese Triumph ein wichtiger Wegweiser für meine Karriere. Denn ich weiß, was ich für diesen Moment geleistet hatte: den harten Winter und die vielen Berge (den berüchtigten Mortirolo galt es gleich zwei Mal zu bezwingen). Am Ruhetag hatte ich nur eines im Sinn: meine Chance. Ich fuhr alleine trainieren, übte Sprintantritt um Sprintantritt. Ich mag körperlich müde gewesen sein von bald drei Wochen Rennen, aber ich war besessen. Bis hierhin, so fühlte ich es, war ich um meine Gelegenheit gebracht worden. Jetzt wollte ich sie erzwingen.

Das gelang mit dann auf den letzten Metern von Locarno. Es war mein Sieg. Es war aber ein Sieg, der in der Öffentlichkeit als Geschenk präsentiert wurde, als Lohn für meine Helferarbeit. Meine Statements nach dem Erfolg passten nicht zu den Bildern. Mark hatte mich ziehen lassen, wir beide hatten gejubelt – und ich hatte Worte gesagt, die dem widersprachen. Das kam nicht gut an, das wirkte arrogant.

So kam es, dass ich am selben Abend, nachdem ich die Bilder meines ersten Etappensiegs gesehen hatte, zu Mark ins Hotelzimmer ging. Auch wenn ich es nicht so gemeint hatte, ich hatte jetzt das dringende Bedürfnis, mich bei ihm zu entschuldigen. Ich sagte ihm, dass ich die Interviews gegeben hatte, ohne zu sehen, was er für mich getan hatte. Es war eben nicht nur ein Sieg gewesen, den ich meinen eigenen Beinen zu verdanken hatte. Ich sagte ihm, dass es mir leidtat, hier einen anderen Eindruck erweckt zu haben, den Eindruck, ich hätte in einem Wettbewerb gegen ihn gestanden und gewonnen. Wir gaben uns die Hand. Ich sagte ihm aber noch etwas und dazu stehe ich bis heute: »Egal, wie es weitergeht: Verteil niemals Geschenke!«

***

Nach dem Giro brach für mich eine neue Ära an. Ich hatte mich allein in Winterberg im Sauerland auf Frankreich vorbereitet, stand ich doch die ganze Saison über im verlängerten Aufgebot, der so genannten Long List. Doch dann rief mich im Juni unser Teamchef Rolf Aldag an und verkündete mir kurz und schnörkellos, dass ich es nicht in die Auswahl geschafft hatte. Statt zur Tour de France fuhr ich zur Österreich-Rundfahrt und zur Sachsen-Tour. Während ich die Enttäuschung verarbeitete, rechtfertigte Mark in Frankreich die Entscheidung – und wie: Er holte gleich vier Etappensiege, eine unglaubliche Leistung.

***

Die neue Ära war die Ära des so genannten »B-Teams«, dessen Anführer ich war. Ich war zwar zurückgestuft, ich fuhr das Programm, das unsere sportliche Leitung für mich übriggelassen hatte. Aber ich blieb bei meiner Zielsetzung und Überzeugung. Ich würde Siege einfahren und beweisen, dass ich zu den besten Sprintern der Welt zählte. Niemals hätte ich behauptet, und das bleibt auch so, dass ich der bessere Sprinter als Mark war. Aber ich war auf jeden Fall in der Lage, auf demselben Level zu fahren. Die Unterschiede sind minimal, manchmal zufällig. Ich war sicher, dass wir auf einem Niveau sprinten könnten. Und daher war es wohl auch nicht schlecht, dass ich mit diesem »B-Team« die Gelegenheit bekam, eigene Erfolge in mein Palmarès zu schreiben.

***

Unterstützt vom Team nutzte ich meine Chancen. Ich gewann bei allen drei Rundfahrten, die ich 2008 noch bestritt, meine Etappen. Zum Abschluss der Saison siegte ich gleich bei drei hochrangigen Eintagesrennen, zu guter Letzt beim Sparkassen Münsterland Giro am Tag der Deutschen Einheit. Ich hatte es auf 13 Saisonsiege gebracht. Niemand konnte sagen, dass ich den Job, für den ich vorgesehen war, nicht erfüllt hatte. Im nächsten Jahr wollte ich das Unternehmen Tour erneut angehen.

***

Doch auch 2009 wurde nichts aus diesem Traum – und solange ich dem Team angehörte, das inzwischen in Columbia-HTC umbenannt worden war, würde sich an meiner Rolle in der zweiten Reihe auch nichts mehr ändern. Ich wollte die Sache kämpferisch angehen und tatsächlich gelang mir 2009 beim Saisonauftakt in Australien auch gleich auf der ersten Etappe der Sieg. Ich genoss wie im Vorjahr die gute Sommerstimmung, fuhr ins Trikot des Führenden. Doch auf der dritten Etappe passierte mir ein Unglück, das mich für viele Monate einschränkte.

Auf der dritten Etappe wurde das Geschehen hektisch, als plötzlich ein geparktes Polizeimotorrad vor mir auf der Strecke stand.

Ich war zu schnell, etwa 60 Stundenkilometer, um noch auszuweichen. Ich knallte in das Fahrzeug und flog darüber, ehe ich auf den Boden krachte. Mit brutalen Schmerzen kam ich ins Krankenhaus. Die Schulter war ausgekugelt, dabei auch Etliches an den Bändern und Knochen kaputtgegangen. Statt eines beschwingten Frühjahrs flog ich mit Schmerzen zurück nach Deutschland, ließ mich in Hamburg operieren und hatte erst einmal drei Monate Reha vor mir.

Stürze und Verletzungen gehören zum Radsport, da gibt es nichts dran zu deuteln. Die rechte Schulter hatte mir bereits vorher Probleme bereitet, zweimal hatte ich mich schon daran verletzt. Der Schmerz und die unbewussten, schützenden Vorgänge im Kopf nach einem solchen Trauma sind erheblich. Wenn man wieder ins Renngeschehen einsteigt, in diesen brachialen Kampf um Positionen auf den letzten paar hundert Metern, dann ist da zunächst einmal eine unglaubliche Überwindung. Bei mir war es erst im Mai so weit, beim Rennen Vier Tage von Dünkirchen in Frankreich.

***

In dieser Zeit, die nicht einfach war, wuchs das »B-Team« zusammen. Was sich im Vorjahr abgezeichnet hatte, wurde jetzt so etwas wie eine zweite Familie für mich. Als ich wieder in den Rennzirkus einstieg, fühlte ich mich im Kreis dieser Mannschaft bestens aufgehoben, noch dazu war mein Freund Marcel Sieberg mit von der Partie. Er avancierte zum Road Captain für uns, das heißt: Er war im Rennen das Gehirn, schaute vor und zurück, gab Kommandos, um meinen Sprint erfolgreich vorzubereiten. Mit Sibi teilte ich meistens das Zimmer, egal wo wir hinreisten. Wir passten und passen perfekt zusammen. Er redet viel, aber er weiß auch, wann ich die Nase voll habe. Wir haben ähnliche Themen, sind Familienmenschen, kommen einfach gut klar. Neben Marcel und mir wuchsen ein Australier und ein Neuseeländer zu engsten Begleitern: Adam Hansen und Greg Henderson. Es war ein großes Glück, dass die beiden mir und meinem zweiten Sprintzug zugeordnet wurden, um gemeinsam bei den Rennen Erfolge vorzubereiten, während Mark Cavendish woanders um Etappensiege kämpfe.

***

Wir alle hatten ein gemeinsames Ziel: Siegen, denn alle von uns wollten für die Tour de France nominiert werden, auch wenn wir erkannten, dass es damit 2009 nichts werden würde. Nach meiner Verletzung war ich nicht bereit für den Giro, während Mark zu drei Etappensiegen sprintete und auch im Mannschaftszeitfahren zum Siegerteam gehörte. Wir waren, zumindest für diese Saison, ins zweite Glied gerückt. Aber wir alle akzeptierten dieses Los. Ich denke, das Schicksal hat uns sogar verschworener werden lassen. Ich hatte das Gefühl, dass wir alle diese Erfahrung genossen, gemeinsam in einer Art Wanderzirkus zu den verschiedenen Rundfahrten in Österreich, Sachsen und Polen zu reisen.

Ein Sprinter wie ich lebt von einem solchen Haufen, seinem Sprintzug. Diesen Sprintzug gibt es eben nicht nur auf der Straße, zwischen Start und Zielstrich. Er entsteht in einem Vertrauensverhältnis, das wächst, wenn Männer viel Zeit miteinander verbringen und sich kennenlernen, wenn sie gemeinsam Bier trinken und Fußball schauen. Man kann wahnsinnig viel über Taktik reden und sich theoretisch perfekt auf Etappen vorbereiten, aber genauso entscheidend und am Ende ausschlaggebender ist die Gruppe von Fahrern, die das Ziel umsetzen. Was im Flugzeug, im Trainingslager, beim Üben auf der Straße zusammenwächst, zeigt sich Rennen. Es ist ein Vertrauensverhältnis. Wenn ich auf den letzten zehn Kilometern den Knopf aus dem Ohr nehme, weil ich das

Rennen fühlen möchte, den Wind und die Leute um mich herum hören, dann habe ich volles Vertrauen in diese Leute, die mit mir zusammenarbeiten. Das B-Team war 2009 fest zusammengewachsen. Der letzte Mann vor mir im Kampf um den Sieg, Greg Henderson, braucht nur meinen Namen zu rufen und ich gebe nur ein »Ja« zurück. Mehr muss nicht passieren. Ich kann blind hinterherfahren. So wuchsen wir zusammen.

***

Ich war 2009 gereift. Die Erfahrungen des Vorjahrs hatte ich verarbeitet, die neue Rolle angenommen. Gehaltsmäßig war ich inzwischen bei den Profis auf einem Niveau, das zumindest größere Sprünge ermöglichte. Ich fühlte mich in meinem Beruf bestätigt. Inzwischen hatte ich ein sechsstelliges Jahressalär erreicht, es gab Siegprämien und Boni. Das alles war eine gute Entwicklung, die ich auch meiner Familie schuldig war.

Deshalb war es ein logischer Schritt, der finanziellen Sicherheit weitere Stabilität hinzuzufügen. Tina war jetzt zum zweiten Mal schwanger, und nach der Geburt unserer zweiten Tochter wollte ich auf jeden Fall, dass Tina meinen Nachnamen annahm. Ich machte ihr im Sommer den Antrag und am 25. August 2009 heirateten wir. Es war nicht genug Zeit für eine große Feier, außerdem war Tina schon schwanger, so vertagten wir – wie so viele Paare – das große Fest auf später. Später kam dann nie, aber der Tag selbst war wunderbar. Morgens war ich drei Stunden bei Sommerwetter an der Ostsee trainieren, dann gingen wir im engsten Kreis der Familie zum Standesamt und feierten danach noch bei einem Abendessen.

***

Für Flitterwochen blieb allerdings keine Zeit. Es war schon eine eigenartige Sache. Ich trug jetzt den Ring am Finger, aber packte direkt wieder meine Sachen, ließ meine wachsende, kleine Familie zurück und reiste in die Niederlande. Denn dort begann mein Saisonhöhepunkt: die Spanien-Rundfahrt, die ich nun zum zweiten Mal angehen sollte. Der Prolog fand ungewöhnlicherweise in Assen statt, um neue Zielgruppen anzusprechen. So machen es die großen Landesrundfahrten immer wieder. Für mich war das ganz angenehm, denn die Anfahrt von Rostock aus war etwas kürzer.

***

Die Vuelta war für uns alle im B-Team eine große Genugtuung. Es zeigte sich sofort, dass wir als Kollektiv auf Weltklasseniveau zusammengewachsen waren. Auf der zweiten Etappe musste ich zwar noch meinen ehemaligen Teamkollegen, Gerald Ciolek, passieren lassen. Aber bald darauf war klar: Ich war der Mann, den es hier zu schlagen galt. Mein Teamkollege Greg Henderson hatte zwar noch auf der dritten Etappe vor mir den Zielsprint beendet, aber ihn wehte es bei schlimmen Wetterbedingungen am Tag danach auf dem Weg nach Lüttich aus dem Feld. Ich sprintete dort zum Sieg – und zwei Tage später, endlich auf spanischem Boden – holte ich in Vinaròs ebenfalls den Etappensieg, vor Tom Boonen und Daniele Bennati.

Zwei weitere Tagessiege holte ich bei dieser Vuelta noch: Auf der 16. Etappe, die in Puertollano endete, und am Finaltag, vor großem Publikum in Madrid. Das B-Team hatte eindrucksvoll geliefert und mit mir sogar das Trikot des besten Sprinters der Spanien-Rundfahrt gewonnen. Damals begann eine Serie, auf die ich bis heute stolz bin: Bei jeder der drei großen Landesrundfahrten, die ich in den folgenden acht Jahre bestritt, gewann ich mindestens eine Etappe. Einen großen Anteil daran hat, trotz aller Wechsel der Zwischenzeit, das B-Team, das sich 2009 formierte.

***

Ich bin grundsätzlich eine treue Seele, keiner, der schnell aus einer Aufgabe flüchtet. Ich mache auch nicht viel Stress, sondern finde mich mit Dingen ab und versuche, meinen Platz über Leistung zu sichern und meine Ambitionen so zu verwirklichen. Aber ich war jetzt eben auch so etwas wie ein gestandener Mann, verheiratet und seit der Geburt von Luna Malou noch ein Stück weiter in der Verantwortung für die Familie. Ich war reifer. Und es war Zeit. Im Jahr 2010 kam der Punkt, an dem ich feststellen musste, dass es mit meinem Arbeitgeber nicht mehr so laufen würde, wie ich es mir erhofft hatte. Die Entwicklung kam nicht weiter und so lustig wir es fanden, als B-Team unterwegs zu sein: Unser Anspruch war es, beim besten Radrennen der Welt unsere Wirkung zu zeigen.

Nachdem das Frühjahr gut gelaufen war und ich in Australien wieder die Gesamtwertung gewonnen sowie beim Giro eine Etappe für mich entschieden hatte, kam erneut die Absage für die Tour de France. Ich war jetzt 27 und die Uhr tickte. Mein Vertrag lief aus, eine Veränderung musste her. Im Hintergrund begann ich also schon im Verlauf des Frühlings Gespräche, um einen anderen Weg zu gehen.

Es war eine spannende Phase und auch eine neue Erfahrung für mich. Ich sprach mit Patrick Lefevere, der mich unbedingt zu seinem prominenten belgischen Team Quick-Step holen wollte. Doch irgendetwas störte mich, allen voran wohl die Tatsache, dass mit Tom Boonen ein alternder Sprintstar da war, auch er sich mittlerweile eher zum Klassikerjäger mauserte. Auf der anderen Seite gab es da ein belgisches Team, das seinen Auftritt nach enttäuschenden Versuchen bei der Tour de France einmal komplett sanieren musste: Lotto, mit dessen Manager Marc Sergeant sofort die Chemie stimmte, setzte nicht mehr auf den Gesamtsieg bei der Tour. Ich hatte wiederum etwas Attraktives im Angebot: mich selbst, also einen Weltklassesprinter mit erwiesenen Siegen bei großen Rundfahrten und Eintagesrennen. Aber auch ein ganzes Team, für das ich über einige Monate die Verhandlungen leitete. Gemeinsam mit Adam, Vicente Reynes und Sibi beriet ich über die Ziele, das Finanzielle, die sportliche Planung – und im Auftrag dieser Gruppe diskutierte ich dann die Optionen mit Marc Sergeant. Olaf Albrecht half mir bei den kaufmännischen und juristischen Details und so erzielten wir im Laufe des Sommers Einigkeit.

In dieser Saison, in der ich noch einige Siege für meinen alten Arbeitgeber einfuhr und mich auf anständige Weise verabschiedete, wuchs etwas anderes heran: Das Projekt einer belgischen Sprintermannschaft, die auf einen gut harmonierenden Kern setzen konnte und in den folgenden Jahren das Bild veränderte, das die Sportwelt von mir hatte. Dies war das Umfeld, in dem meine Karriere den entscheidenden Schub bekommen sollte.

Tina, Sibi und Saren

Ich habe mal den Ratschlag gelesen, dass ein Mensch sich in jeder Lebensphase nicht mit mehr als fünf Personen im engen Umfeld umgeben sollte. Alles andere, so lautete der Ratschlag, überfordere die Person nur, und dieser Ratschlag passt gut zu mir. Mag sein, dass mich manche Menschen als etwas kühl oder distanziert wahrnehmen, aber das liegt dann mehr an mir selbst als an meiner Meinung über sie. Ganz einfach: Ich war immer ein eher zurückhaltender Mensch, der ein familiäres Umfeld braucht. So bin ich gestrickt. Ich möchte die wenigen Beziehungen zu jenen Menschen, die mir wirklich wichtig sind, auch voll und ganz ausleben. Und so ist es eben auch ein Schutz, dass ich nicht darauf aus bin, jederzeit mit unzähligen Menschen im Austausch zu stehen, Verabredungen mit ihnen zu treffen oder dauerhaft unter Leuten zu sein. In verschiedenen Lebensbereichen brauche ich stattdessen eine feste Struktur, der ich treu bin und die mir wichtig ist. Es kann sein, dass es mal mehr sind als fünf Personen, aber diese Größe beschreibt ganz gut die Anzahl Leute, die ich in den einzelnen Lebensbereichen nah an mich heranlassen möchte. Der Sport, den ich betreibe, würde sowieso kaum die Gelegenheit für länger währende Freundschaften lassen. Wir sind so viel unterwegs, so viel an unterschiedlichen Orten, dass Freunde aus einem anderen Leben kaum noch reinpassen. Ich denke, das ist eher nach der Karriere möglich. Aber auch zu den Teamkollegen ist das in den allermeisten Fällen eine Freundschaft auf Zeit, und das wissen wir auch alle. Wenn die Verträge auslaufen, wenn man das Team wechselt oder die sportliche Planung sich ändert, dann ist man schnell aus den Augen und auch aus dem Sinn. Eine Ausnahme gibt es dabei allerdings in meinem Leben.

***

Das Gerüst, wie ich mein Leben aufbauen wollte, stand weitestgehend, als ich nach der Saison 2010 zu meinem dritten Arbeitgeber im Profisport wechselte. Die Strukturen, in denen ich mich entwickelt hatte und die mich in den kommenden Jahren tragen würde, waren gefestigt. Als ich im Sommer 2010 den Entschluss fasste, einen neuen Vertrag mit dem Arbeitgeber in Belgien abzuschließen, war eigentlich alles andere in meinem Leben geregelt. Ich hatte persönlich ein Umfeld, mit dem ich fest zusammengewachsen war. Ich war verwurzelt, auch wenn ich immer in Bewegung blieb.

Der Wechsel war ein Wendepunkt in meiner Karriere, aber alle wichtigen handelnden Personen waren mir zu diesem Moment bekannt. Meine Frau und meine beiden Töchter, meine Eltern und meine Schwiegereltern bildeten das Fundament und waren Quell stetiger Unterstützung. Das galt auch schon für meinen Manager, der mich seit vielen Jahren gefördert hatte. Mein alter Kumpel aus dem Leistungssport entschied sich, gemeinsam mit mir den Weg weiterzugehen. Und auch der Mann, der mir körperlich am nächsten kommt und mir weit mehr schenkt als eine entspannte Muskulatur, war jetzt fest mit mir verbandelt.

***

Der Mensch, der mir in meiner Karriere am meisten geholfen hat, wollte eigentlich nie mehr mit einem Sportler zusammenkommen. Tina, meine Frau, musste ich damals erst überzeugen, dass sie mir als jungem Athleten doch eine Chance gibt. Sie war mit einem Fußballer zusammen gewesen, der für den Sport so viel gegeben und für sie kaum Zeit hatte, was sie nicht nochmal erleben wollte. Ich passte eigentlich überhaupt nicht zu Tina und ihren Wünschen, als ein junger Sportler, der unter der Woche trainiert und am Wochenende auf Wettkämpfe fährt. Es war auch nicht so geschickt, sie erst zu einem Spiel von Hansa mitnehmen zu wollen, um ein bisschen Zeit mit ihr zu verbringen. Später klappte es mit einer Einladung zum Kaffee. Da gab Tina mir eben doch die Chance, kam eben doch mit mir zusammen und darüber bin ich wahnsinnig glücklich.

Die Laufbahn, die ich 2010/2011 längst mit voller Kraft eingeschlagen hatte, war 2003, als wir zusammenkamen, noch ein weit entferntes Wunschziel – aber wir wussten beide nicht, ob daraus etwas werden könnte. Aber gemeinsam arbeiteten wir daran, dass diese Karriere möglich wurde. Ich kann das ganz klar so sagen: Tina hat einen erheblichen Anteil daran, dass ich mich nicht nur geborgen gefühlt habe, sondern dass ich meine Arbeit ernsthaft und meine Rolle verantwortungsvoll ausgelebt habe. Oft genug, als ich die Dinge vielleicht zu sehr auf die leichte Schulter nehmen wollte, hat Tina mir kritischen Fragen gestellt, sie hat mir den Wind aus den Segeln genommen, als es nötig war. Auf der anderen Seite hat sie mir immer auch wieder hochgeholfen. »Triff dich doch mal mit dem oder dem zum Bier, bevor du hier nur rumsitzt«, solche Impulse gibt sie mir ständig und das ist wirklich wertvoll. Und wenn es beruflich nicht so lief, was immer mal wieder dazugehört hat, dann war Tina immer meine Stütze. Sie hat mich aufgebaut, sie hat mich motiviert, sie weiß, wie das geht. Das ist im Laufe der gesamten Karriere so gewesen, auch noch 2021, als ich mir eigentlich erhofft hatte, mit unserem Team zum Giro d'Italia zu fahren. Die Nominierung blieb aus, und ich war auf der Sinnsuche. Als all meine gelernten Techniken nicht so recht fruchteten, um mich wieder hochzuziehen, war Tina immer die Person in meinem Leben, die den Überblick hatte und den Zugang zu positiven Gedanken. Am Ende war es auch 2021 ein Erfolg, ich fuhr ja die Tour de France, ohne damit gerechnet zu haben.

Tatsächlich ist die Laufbahn für jemanden wie mich nicht getrennt von der Familie denkbar. Tatsächlich ist es so, dass die Familie einen sehr großen Anteil daran hat, dass ich meine Erfolge überhaupt erreichen kann. Und das begann eben in jener Phase, als eine Teilnahme an der Tour de France nur ein Traum war, keine realistische Möglichkeit.

***

Wir sind Eltern, Tina und ich, das hat uns zusammengeschweißt. Wir waren ja auch noch sehr jung, als im Februar 2004 unsere Tochter Anna Sophie zur Welt kam, damals noch in Rostock. Natürlich war ich an jenem 27. Februar mit auf der Geburtsstation. Ich kann nicht verstehen, wie es viele junge Radsportler fertigbringen, bei der Geburt ihrer Kinder nicht dabei zu sein. Das hört man immer wieder von werdenden Vätern auch außerhalb des Sports, aber für mich war die Geburt meiner Kinder ein einschneidendes, schönes und prägendes Erlebnis. Das gilt auch für Lunas Geburt, die am 15. Dezember 2009 in einem Kölner Krankenhaus zur Welt kam. Ich könnte mir nicht vorstellen, dieses Erlebnis zu verpassen.

Ich war mit Tina bei den Geburten, auch wenn es mir schwerfiel mitanzusehen, wie sie leiden musste. Ich selbst kann mich über die Schmerzgrenzen weit hinaus quälen, aber wenn andere Menschen leiden, zumal meine Liebsten, dann ist das für mich sehr harter Tobak. Meine Hochachtung vor Müttern, vor den Qualen der Geburt ist enorm. Es ist ein Geschenk, das miterleben zu dürfen und vielleicht einen Teil beitragen zu können.

Kinder zu haben, eine kleine und später etwas größere Familie zu sein, das war für meine Karriere ein Eckstein. Diese Zeit, das gemeinsame Leben auf etwa 40 Quadratmetern, meine Bemühungen um einen Profivertrag im letzten Jahr der U23, das hat uns als Familie auch zu einer Art Unternehmen werden lassen. Zwangsläufig haben wir, ohne es groß besprechen zu müssen, jeweils unseren Verantwortungsbereich gefunden und ausgefüllt. Ich hatte, ohne dass wir es groß thematisieren mussten, die Aufgabe des Geldverdienens, des Absicherns übernommen. Es ging eben nicht nur um mich und meinen Ehrgeiz, sondern um eine Familie, die gut leben sollte. Tina hat sich und ihre Berufstätigkeit, aber auch andere Wünsche immer dieser gemeinsamen Sache untergeordnet, bei der am Ende ich im Rampenlicht stand. Das rechne ich ihr hoch an und dafür möchte ich ihr auch viel zurückgeben. Diese Beziehung, dieses Team entstand, als wir noch sehr jung waren, und es hat uns bis heute getragen und Stabilität gegeben.

***

Meine Kinder haben in ihrem Leben mehr Zeit ohne mich im Haus verbracht als mit mir in ihrer Nähe. In jedem der aktiven Jahre seit ihrer Geburt war ich mehr in Trainingslagern und bei Rennen als bei ihnen im Kinderzimmer oder am gemeinsamen Esstisch. Meine Töchter kennen das nicht anders, mir aber war es immer ein Anliegen, dass wir die gemeinsame Zeit dann auch auskosten. In den letzten Jahren ist es sogar so weit gegangen, dass ich am Wochenende kein Rennrad anfasse, es sei denn, es gibt einen Pflichttermin. Das Wochenende gehört der Familie, das ist mir jetzt wichtig, sofern kein Rennen oder Trainingslager dem entgegensteht.

Unser ganzer Werdegang hat sich dem Sport untergeordnet. 2005 zogen wir ja bereits nach Hürth, einer Kleinstadt im Südwesten Kölns. Ich kannte hier die Rennfahrer, mit denen ich zusammen trainierte, aber Tina kannte eigentlich niemanden. Arbeiten konnte sie nicht, da wir für Anna Sophie damals keine Chance auf einen Betreuungsplatz hatten. Das waren wir aus der Ex-DDR anders gewohnt, aber im vereinigten Deutschland war die Sache organisiert wie in der ehemaligen Bundesrepublik. So blieb Tina zuhause, an einem Ort, den sie nicht kannte, ohne ihr gewohntes Umfeld. Erst später, als Anna Sophie in den Kindergarten kam, konnte auch Tina zumindest halbtags arbeiten, ein bisschen mehr für sich selbst tun. Aber sie war die Managerin für zu Hause, für die Kinder, bildete den Rahmen. Ich war derjenige, der die Ergebnisse einfahren und mir entsprechende Verträge verdienen musste. Von uns beiden ist Tina ganz sicher die Organisierte, was mir immer zugutekam. Ich konnte mich darauf verlassen, dass Tina alle wichtigen Dinge des Alltags regelte oder Pläne voranbrachte, die ich nur noch abnicken musste. So war das etwa mit unserem Haus, das wir in Hürth bauten, als wir es uns endlich leisten konnten. Tina hat die Angelegenheit vorangetrieben. Ich hatte das Glück, dass sie diese privaten Aufgaben übernahm, denn als Profisportler hat man für solche Themen einfach keinen Kopf.

***

Meine Karriere und unser Weg vom Paar zur Familie hat auch Olaf Albrecht immer eng begleitet. Olaf hat mich stets gefördert und wurde schnell zu einer Vertrauensperson. Es gibt Manager im Radsport, die machen ihren Job, die treiben den Marktwert ihrer Sportler nach oben und verdienen gut damit. Das ist legitim, aber für mich war das nie etwas. Ich brauche das Gefühl, mit jemandem zusammenzuarbeiten, für den die Beziehung mehr ist als ein Job. Olaf war es, der mich damals zu sich nach Gera holte, er half uns, die kleine Familie zu finanzieren – und er hat bis heute immer an meiner Seite gestanden, wenn es um meine Rolle, meine Verträge und mein Image ging. Mein Sprint-Projekt bei Lotto-Belisol und später Lotto-Soudal, die schwierige Phase später, die Einschnitte in meiner Karriere, die neuen Anläufe und mein Engagement für gute Zwecke – überall ist Olaf dabei, gibt mir wertvollen Rat und übernimmt Aufgaben. Und ich kann mich darauf verlassen: Er tut das immer in meinem Sinne.

***

Vor meinem Wechsel zur belgischen Equipe Ende 2010 war also all das geregelt. Ich war unter der Haube und hatte zwei Kinder. Wir hatten die Sicherheit eines nun auch sehr gut dotierten Profivertrags, das Hauptquartier meines neuen Arbeitgebers war über die Autobahn auch in etwas mehr als einer Stunde zu erreichen. Dennoch verlangte ich meiner Familie bald darauf noch ein weiteres Opfer ab. Ich hatte den Wunsch, dass ich unter besseren Bedingungen trainieren könnte als in Hürth oder dem rheinischen Umfeld. Dort war die Trainingsgruppe im Laufe der Zeit immer kleiner geworden, während sich am Bodensee, auf Schweizer Seite, eine Art deutsche Rennradfahrerkolonie gebildet hatte. Klar ging es damals auch um den Gedanken, in der Schweiz Steuern zu sparen. Das war, als ich in der höheren Einkommensklasse angekommen war, ein wichtiger Gedanke. Schließlich wollte ich mit dem Geld aus meinem Erfolg ja langfristig eine Sicherheit schaffen, aber im Gegensatz zu Normalbürgern bleibt einem Profisportler dafür nicht viel Zeit.

Ich schlug Tina also einen Umzug vor und es gab einige gravierende Gegenargumente. Anna Sophie war schließlich bereits in der Schule, ein Umzug hätte also entsprechende Konsequenzen. Wir haben es dennoch gemacht und sind gemeinsam in die Schweiz umgesiedelt, zur Saison 2013. Es war, aus sportlicher Sicht, eine klare Sache: Hier hatte ich mit Ralf Grabsch, Andreas

Klöden, Tony Martin und Marcus Burghardt wirklich ein passendes Umfeld, um gemeinsam auch mal in die Voralpen oder Schweizer Alpen zu fahren. Aber es stellte sich bald etwas anderes heraus: Diese rein sportliche Betrachtung war nicht ausreichend. Tina und die Kinder fanden in der Schweiz keinen Anschluss; sie lebten zurückgezogen in unserem Haus, während ich die meiste Zeit auf Achse war. Für einen Single wäre es sicher gut gewesen, in dieser Gegend zu trainieren, zu wohnen und Steuern zu sparen. Für uns war aber relativ schnell klar: Geld allein macht nicht glücklich. Wir zogen also zurück in unser altes Haus nach Hürth, leben seither dort. Daran wird nicht mehr gerüttelt, solange unsere Kinder in der Schule sind. Hier wollen sie Karneval feiern, mit ihren Freundinnen Zeit verbringen und hier ist auch Tina inzwischen bestens verankert.

***

Meine Frau und meine Kinder stellen das absolute Kernteam hinter meiner Karriere dar, aber vier weitere Verwandte gehören in den erweiterten Kreis: Meine Eltern Gudrun und Bernd, meine Schwiegermutter Sabine und mein Schwiegervater Dieter. Sie haben uns immer den Rücken freigehalten, haben sich um unsere Kinder gekümmert und uns auch finanziell unterstützt, als meine Laufbahn noch nicht genug Geld abwarf. Sie haben dafür gesorgt, dass wir als kleine Familie ordentlich leben konnten. Dieter hat sich von mir auch mit der Liebe zum Radsport anstacheln lassen und ist selbst irgendwann aufs Rennrad gestiegen (leider auch oft gestürzt). Er schaut jedes Rennen, bei dem ich am Start bin und liest inzwischen wesentlich mehr über den Radsport als ich. Wir haben auch die Verbindung in die alte Heimat nach Rostock und an die Ostseeküste immer lebendig gehalten. Wenn es der Kalender zulässt oder wenn etwas Wichtiges ansteht, fahren wir mit den Kindern dorthin.

Später mal, wenn Tina und ich älter sein werden, ist es sicher gut möglich, dass wir uns wieder dort niederlassen.

***

Profi-Radrennen und Familie – in den meisten Fällen spielen sich diese beiden Dinge unabhängig voneinander ab. Es ist zwar schön zu wissen, dass meine Mama Gudrun und mein Papa Bernd bei Rennen am Streckenrand standen, später auch zur Tour de France kamen, dass meine Frau bei einem Rennen irgendwo im Publikum war. Aber ehrlich gesagt hat man keine Nerven, sich um die Familie zu kümmern, während man Teil des Geschehens ist. Zu vollgepackt sind die Tage, zu wenig kann man sich um die Liebsten kümmern. Es wäre eine Zerreißprobe, bei der man nicht viel gewinnen kann, aber darüber den nötigen Fokus verliert. Es gibt Ausnahmen, wie etwa 2015, als alles zusammenpasste. Es war schön, dass meine Familie damals alle Hürden überwand, nach Paris reiste, sich durch die Sicherheitsschleusen an den Massen vorbei zu mir vorkämpfte, um im Ziel der Tour mit mir feiern zu können. Aber im Normalfall genügt es mir zu wissen, dass sie Spaß bei den Rennen haben – und ich meinen Job machen kann. Unterhalten und in Ruhe beisammen sein, das können wir ja immer noch in den Tagen und Wochen nach der Veranstaltung.

***

Es gibt eine große Ausnahme in meiner Vita, bei der sich Titelkämpfe bestens mit Familienausflügen in einer entspannten Atmosphäre verbinden ließen. Das war erstmals im Sommer 2013 der Fall, wir lebten damals schon wir in der Schweiz. Die Tour de France stand an, doch vorher, wie jedes Jahr, ging es zur Deutschen Meisterschaft, die jedes Jahr an einem anderen Ort stattfindet; 2013 war es in Wangen im Allgäu. Ich wusste gar nicht so recht, ob ich um den Titel mitkämpfen wollte, aber gemeinsam mit Marcus Burghardt schaute ich mir einen Teil der Strecke an und dann beschlossen wir: Diese Strecke fahren wir mit.

Damals begann etwas, was Tradition werden sollte. Nicht nur ich, sondern auch Tina und die Kinder kamen mit mir zu einem entspannten Familienwochenende. Wir trafen in Wangen auch Markus mit seiner Familie und natürlich meinen alten Freund Marcel Sieberg mit seiner Frau und seinen beiden Kindern. Mit Sibi, der so lange schon mein Teamkollege und Zimmerkamerad gewesen war, verband unsere ganze Familie inzwischen eine sehr gute Freundschaft, das gilt sowohl für die Frauen als auch die Kinder. So ist das ein schönes gemeinsames Erlebnis.

So kam es eben, dass wir am Vorabend der Deutschen Meisterschaften mit den Familien beisammensaßen, dass wir weniger Druck empfanden als den Spaß eines sommerlichen Trips mit lieben Freunden. Wir haben im Laufe der Jahre viel Bier getrunken, Pizza gegessen, auch mal ein paar Stunden im Freibad in der Sonne herumgelegen. Die Frauen haben abends noch geklönt, während wir versuchten, vor den Rennen ein bisschen Schlaf zu finden.

Es ist umso schöner, dass zu diesem entspannten Gefühl auch noch der Erfolg kam. 2013 gewann ich mit meiner Familie im Rücken meinen ersten Deutschen Meistertitel in einem hart umkämpften Finale, auch 2014 und 2016 krönte ich den »Urlaubstrip« mit einem Sieg, der mir für die folgende Saison die schwarz-rot-goldene Banderole des Landesmeisters auf dem Trikot sicherte.

***

Meine Freundschaft zu Sibi, unsere Freundschaft zur Familie Sieberg ist etwas, das die Zeit überstehen wird. Da bin ich mir sehr sicher. Der Junge aus Castrop-Rauxel, den ich damals etwas eigentümlich fand, mit seinem Topmaterial. Der eher schüchterne André aus dem hohen Norden, der ein bisschen ein schlechtes Gewissen hatte wegen der hohen Kosten, die er seinen Eltern mit dem Material für seinen Sport aufbürdete. Das war von Anfang an eine interessante Kombination und ich muss sagen, dass wir wirklich zu engen Freunden geworden sind. Marcel und ich sind den Weg zum belgischen Team gemeinsam gegangen, wir haben ein gemeinsames Ziel verfolgt, mit mir als Siegfahrer und ihm als dem Orientierungspunkt im Team und wir haben diesen Weg viele Jahre fortgesetzt. Unsere Familien treffen sich häufig, wir wohnen ja auch nicht so weit weg voneinander – Bocholt und Hürth sind für unsere Dimensionen nur einen Katzensprung voneinander entfernt. Auch wenn wir im Laufe der Jahre irgendwann getrennt werden würden, für unterschiedliche Teams fahren sollten, die Freundschaft zu Sibi, der Austausch und die Basis für gemeinsame Erinnerungen auch nach der Karriere sind in Stein gemeißelt.

***

Da ist noch ein weiterer Mensch, der im Laufe der Jahre eine ganz besondere Rolle in meinem Leben eingenommen hat. Er ist alt genug, um selbst zu sagen, dass er mein Vater sein könnte – und tatsächlich, so sagt er es immer wieder, sieht er mich als so etwas wie seinen Sohn und meine Kinder als seine Enkelinnen. Der Mann, um den es geht, ist Raoul Saren. Ich habe Raoul erstmals im Juli 2007 bei der Sachsen-Rundfahrt getroffen oder besser gesagt: Ich habe die wundersame Wirkung seiner Hände in Verbindung mit seiner Energie zu spüren bekommen. Damals kam Raoul als freier Aushilfspfleger zu uns, er massierte mich als erstes Mitglied unseres Teams und es entstand ganz schnell eine Beziehung, die bis heute andauert. Raoul ist zum festen Anker in meiner Karriere geworden.

Wann immer es um einen Wechsel ging, wie etwa im Jahr 2010 zu Lotto, habe ich darauf bestanden, dass Raoul als mein persönlicher Pfleger – im Radsport Soigneur genannt – auch zum neuen Team mitgeht.

Raoul ist ein Mensch, der mich in allen Facetten kennengelernt hat. Er hat mich nach Bergetappen wieder aufgepäppelt, hat mich nach schlimmen Niederlagen aufgebaut und große Siege mit mir gefeiert. Er ist diesen Weg mit mir zusammen gegangen, und ich glaube, so wie Tina das Private und die Familie trägt, so ist Raoul das Fundament im Umfeld meiner sportlichen Einsätze. Es geht dabei um viel mehr als nur die physiotherapeutische Behandlung. Raoul weiß ganz genau, wie es mir geht. Er braucht nicht viele Worte, um mich zu erreichen. Er ist eine treue Seele, eine Vertrauensperson, der ich auch Dinge anvertrauen kann, die niemand sonst erfahren soll.

Raoul gibt auch das Feedback, das ein Sportler braucht. Er hat klare Ansichten und Meinungen. Wenn ich mich als Sportler falsch verhalte, wenn irgendwas mit meinem Körper nicht zu stimmen scheint, dann merkt Raoul das nicht nur bei der Massage. Dann kommt vielmehr von ihm ein klarer Hinweis: Da ist zu viel Gewicht drauf. Oder: Da muss mehr Spannung in die Muskeln, da musst du mehr arbeiten. Jüngeren Fahrern verpasst er schon mal einen Kommentar, um sie wieder einzunorden. Niemand tanzt aus der Reihe, wenn Raoul ihn betreut.

Das oberste Gebot ist, dass Raoul mir Sicherheit gibt. Im Laufe der Jahre war er immer der Mensch, nach dem ich direkt hinterm Zielstrich schaute. Er stand immer da, hat mich in Empfang genommen und mich abgeschirmt, wenn die Meute von Fotografen, Kameraleuten und Journalisten über uns herfiel. Raoul stand immer dort, ein bisschen weiter hinter dem Ziel als die anderen Pfleger, er redet nicht viel, aber er ist da in diesem Moment nach der totalen Ausbelastung.

Ich glaube, wir geben uns gegenseitig Sicherheit. Das ist in diesem Sport, wo so viel Unsicherheit herrscht – kurze Verträge, riskante Einsätze, die gesamte Zukunft des Geschäfts – sehr viel Wert. Es gab viele Momente bei Rennen, wo wir einfach Zeit miteinander verbracht haben. Wir sind früher auf als die meisten anderen, also setzen wir uns raus, vielleicht mal ans Wasser, schauen nach vorne und reden über Gott und die Welt. Wir reden über Persönliches, über die Schwierigkeiten des Jobs, manchmal aber sitzen wir nur da, ohne Worte. Raoul raucht eine Zigarette, wir trinken einen Kaffee, ich telefoniere mit Tina und den Kindern. Das sind die Momente, wo Raoul und ich vielleicht auch mal eine halbe Stunde spazieren gehen, gar nichts sagen, sondern eine Verbundenheit genießen, die es sonst in diesem Geschäft kaum gibt.

***

Diese Menschen, es sind eben nicht allzu viele, sind mir wichtig – und all diese Menschen sind bereits mit mir verzahnt, als ich im Jahr 2010 den Aufbruch zu meinem neuen Arbeitgeber, den nächsten großen Schritt wage und darauf vertrauen kann, dass mein persönliches Umfeld mir helfen wird, meine ganz großen Ziele zu erreichen. Es war meine Mutter, die mich in diesen Sport brachte, mein Vater, der mich zum Rennen inspirierte, es war meine Familie, die mir eine Heimat gab, mein Freund, der mich im Rennen beschützte, und mein Pfleger, der mir Anker war. All das war zum Glück vorhanden: die vertrauensvolle Basis für den nächsten Schritt in die Weltklasse.

Lotterie bei Lotto: Große Siege, heftige Niederlagen

Was für eine Bühne! Es ist Donnerstag, der 30. Juni 2011, die Sonne brennt vom Sommerhimmel im Westen Frankreichs – und ich bin Teil eines Theaters, das mich schon als kleiner Junge gefesselt hat. Es ist eine enorme Show, die hier steigt, es sind unvergessliche Momente, die mich mitreißen. Ich befinde mich einem Kolosseum, wie es die Römer gebaut haben. Der Boden der Arena ist mit Sand ausgelegt, das Rund bietet etwa 7500 Zuschauern Platz, überall herrscht Anspannung und Vorfreude. Ich komme mir vor wie in einem Film und dieses Setting passt zum großen Showgeschäft. Der Ort, an dem die offizielle Präsentation der teilnehmenden Mannschaften bei der Tour de France ansteht, ist eigentlich ein beliebter Freizeitpark in der Vendée, Le Puy de Fou, der die Menschen mit altertümlich wirkenden Attraktionen begeistert. Dieses Umfeld, dieses Spektakel führt mir vor Augen: Ich bin auf einer Stufe angekommen, die es so in meinem Sport nicht nochmal gibt. Das hier ist die Tour de France, das alles überstrahlende Erlebnis – diesen Tag, an dem ich mich mit meinen Teamkollegen hier in Frankreich zeige, werde ich nie vergessen. Es ist das größte Fest, das ich je zum Start eines Radrennens erlebt habe. Es fühlt sich fantastisch an. Es war gut, dass ich im Vorjahr den Schritt gewagt hatte.

***

Mit der Saison 2011 beginnt etwas, das mich als Sportler in der Radsportwelt und auch beim allgemeinen Sportpublikum bekannt gemacht hat – und das gelingt ja in Deutschland eigentlich nur sehr wenigen Athleten, wo der Fußball eine extrem dominante Stellung innehat und darüber hinaus Sportarten ins Bewusstsein der Zuschauer dringen. Den Radsportfans haben sich meine Bilder aus der nun beginnenden Phase eingebrannt. In diesem Jahr, dem siebten Jahr meiner Profilaufbahn, wachse ich in eine tragende Rolle hinein – und zwar nicht mehr nur in der eigenen Wahrnehmung, sondern auch von außen betrachtet. Die Zeiten des B-Teams sind vorbei, der Anspruch ist klar formuliert – und mein neuer Teamchef Marc Sergeant hatte sich klar positioniert. Es sollte etwas um mich herum aufgebaut werden, eine Mannschaft, die mir die Gelegenheit bot, bei den besten Radrennen der Welt um den Sieg zu sprinten.

Mit nun 28 Jahren befand ich mich körperlich auf dem Zenit und ich war überzeugt davon, dass ich in der Liga der besten Sprinter niemanden zu fürchten brauchte. Deshalb war für mich klar, dass ich diese Chance verdient hatte, dass ich Kapitän sein sollte – auf höchstem Niveau. Es folgten Jahre, die im Rückblick bestens zusammenpassen: Die Jahre, in denen André Greipel sich unter den Topsprintern etablierte, in denen er bei den wichtigsten Rennen seine größten Erfolge einfuhr und sein belgisches Team zum Aushängeschild der Sprintermannschaften heranwuchs. Das sind alles schlüssige Storys. Doch der Weg dorthin, das kann ich im Rückblick sagen, war nicht immer so stringent und niemals einfach.

***

Ich hatte in den vergangenen Jahren öfter sehr frühe Erfolge im Jahr feiern können. Auf der Suche nach solchen positiven Emotionen reiste ich mit dem neuen Team wieder nach Australien, wo ich mich so wohl fühlte. Doch diesmal lief es nicht rund, bei der Tour Down Under holte ich keinen Etappensieg. Erst bei der Algarve-

Rundfahrt, etwa einen Monat später, reichte es für mich zum – psychologisch enorm wichtigen – ersten Saisonerfolg.

Man sollte niemals unterschätzen, wie wichtig der erste Sieg für jemanden wie mich ist. Nach der Saison werden die Zähler auf null gestellt und es geht von Neuem los. Dann stellt sich die Frage, wer bei den wenigen Gelegenheiten für die endschnellen Fahrer im Ziel die Nase vorn hat. Gelingt es einem Fahrer wie mir nicht, bei mehreren solcher Gelegenheiten ganz nach vorn zu fahren, so kommen schnell Zweifel auf. Immer größer wird der Druck, immer mehr wird die Hatz nach einem Sieg zur Frage nicht nur in meinem Team, sondern gerade auch der Medien. Männer wie ich werden am Ergebnis gemessen. Vielleicht kommt man mit einem Podiumsplatz für eine Weile davon, aber eigentlich ist die Sache recht einfach: Der Greipel muss gewinnen. Also ist der erste Sieg, den ich einfahre, jedes Jahr von großem Wert. Er zeigt, dass es geht. Er zeigt, dass ich es noch kann. Er lässt mich in Ruhe weiterarbeiten. So war es denn auch in der Algarve, im Februar, später als erhofft, aber immerhin: Ich hatte meinem neuen Arbeitgeber einen Vorgeschmack vermittelt, dass meine Verpflichtung kein Fehler war.

***

Wir mussten alles neu einstudieren. In den Vorjahren hatten wir einen Sprintzug aufgebaut, der perfekt eingespielt war. Hier nun kannte ich die meisten Fahrer, Sportlichen Leiter und auch die Erwartungen der Teamleitung nicht. Es gab schon die Zielsetzung, dass wir als Sprintermannschaft um Siege mitfahren. Aber Omega Pharma-Lotto durchlebte in dieser Phase einen Umbruch, und so mussten wir vieles erst neu aufbauen. Es gab noch Ambitionen einzelner Fahrer, die im Klassement weit vorne landen wollten, es gab die Allrounder, die für die Frühjahrsklassiker lebten. Ich musste darum kämpfen, dass wir konsequent auf meinen Sprintzug hinarbeiten, dass wir in der Saisonplanung, bei der Rennauswahl und der konkreten Teamzusammenstellung mit viel Manpower und Energie diese Aufbauarbeit leisteten. Das ging aber nur Schritt für Schritt, ebenso wie das Zusammenwachsen mit den neuen Kollegen. So gut die Konstellation vom Papier her passen mochte, Sibi, Adam Hansen und ich trafen hier auf neue Leute, mit denen wir erstmal einige Zeit beisammen sein mussten, um einen gemeinsamen Takt zu finden.

Es kam noch etwas anderes dazu und das hätte niemand ahnen können: 2011 fand ich mich, trotz meiner verbesserten Position als designierter Sprinter, erneut im Schatten eines anderen Fahrers wieder: Es war das Jahr meines Teamkollegen Philippe Gilbert. Er hatte im Vorjahr ein riesiges Ausrufezeichen gesetzt und mit der Lombardei-Rundfahrt im Herbst eines der fünf sogenannten Monumente des Radsports gewonnen. Und nun rollte er in seine stärkste Saison. Egal, wo Philippe am Start stand, das Gefühl war immer: Der kann heute gewinnen. Für das Team ist das eine gute Sache, für mich war das nicht so klar. Philippe in der Topform seines Lebens, das nahm den Fokus von mir und gab mir einerseits auch Zeit, mich zu entwickeln – im Rückblick sicherlich von Vorteil. Doch andererseits hatte ich damals, in der Saison, auch einen ganz anderen Blick auf die Lage. Dieser ungefähr gleichaltrige Kollege war plötzlich der gefeierte Superstar, der machen konnte, was er wollte. Das machte mir Sorgen, seine Erfolge verhinderten, dass ich ins Rampenlicht treten konnte. Kein Wunder, dass es später krachte.

Die Übermacht Philippes zeigte sich auch bei Rennen, in denen vermeintlich ich für das Ergebnis verantwortlich war. Etwa zum Auftakt bei der Algarve-Rundfahrt, wo Philippe dem Hauptfeld auf der ersten Etappe nach Albufeira enteilte und ich als Sprinter erst fünf Sekunden dahinter ums Podium mitmischte. Bei seiner

Dominanz war es nicht verwunderlich, dass ich in den Monaten nach meiner Verpflichtung viel Arbeit für Philippe leistete, dass ich an einigen seiner Siege in der Helferrolle mitwirkte, etwa bei den Strade Bianche in der Toskana oder der Belgien-Rundfahrt. Das war für mich als gern helfenden Teamplayer in Ordnung, weil ich immer die klare Zusage vom Team hatte: Du fährst die Tour und bekommst deine Chance als Mann für den Sprint.

***

Die Passage du Gois ist eine ganz besondere Straße. Sie verbindet die Île de Noirmoutier im Atlantik mit dem Festland der Vendée südwestlich von Nantes. Die Straßenbauer legten sie in einer Furt an, die je nach Gezeiten vom Meerwasser überflutet oder freigelegt wird. Sie ist wunderschön, mitten in einem Naturschutzgebiet errichtet und auch symbolisch. Wenn man nicht zur rechten Zeit ankommt, kommt man erst mal nicht weiter und das ziemlich lange. An diesem Ort startete ich am Samstag, dem 2. Juli 2011, in meine erste Tour de France, in das größte Ereignis, das ein Profiradsportler miterleben kann.

Ich war gerade 29 Jahre alt geworden, ich war mit einer sehr starken Mannschaft hier, ich wollte auf jeden Fall zeigen, dass ich auf höchstem Niveau mithalten kann. Aber ich war auch ziemlich beeindruckt. Obwohl ich im Radsport schon vieles erlebt hatte, der Zirkus hier war eine ganz andere Liga. Die Präsentation zwei Tage zuvor, das mediale Daueraufgebot, die totale Konzentration aller Beteiligten auf diese gut 191 Kilometer am Debüt-Tag der Tour de France, das war überfordernd.

Ich war total nervös. Überall war Lärm, vor mir lag die dreiwöchige Tour. Ich hatte viel erreicht bis hierhin, aber der kleine André hatte nicht von Etappensiegen in Australien geträumt, nicht von den Sprintankünften beim Giro. Er hatte, wie wir alle, nur die Tour im Kopf. Und jetzt rollte ich auf den Start zu. Auf die Passage du Gois. Das Meer hatte sich verzogen. Der Weg war frei. Aber war ich bereit?

Noch bevor die Zeitnahme an diesem Tag begann, wäre aus meinem Traum beinahe ein Trauma geworden. Bei Radrennen gibt es vor dem offiziellen Start einen sogenannten neutralisierten Start. Da rollt sich das Feld ein, etwa vor Publikum in winkligen Innenstädten und an Sehenswürdigkeiten vorbei. So war das auch bei meiner ersten Tour. Man kann das Testosteron, die Stresshormone beinahe riechen. Es kribbelt überall, man ist nicht ganz bei sich. Es war vier Kilometer vor jenem Punkt, an dem Christian Prudhomme aus dem Tourfahrzeug mit der gelben Fahne das Rennen freigab, dass ich von meiner Nervosität übermannt wurde. Ich hatte gerade noch mit Andreas Klöden locker geplaudert, um mich abzulenken, da machte ich einen Fehler beim Bremsen und flog über meinen Lenker. Gerade hatte ich noch gealbert, jetzt war meine Haut an Armen und Beinen aufgerissen. Es war ein Schock: War's das schon für mich?

Den offiziellen Start zu meiner ersten Tour erlebte ich also 2011 am medizinischen Begleitwagen, ein Tour-Arzt kümmerte sich aus dem Fahrzeug um meine Wunden, während vorne das hektische Rennen um das Gelbe Trikot losging. Aber ich überstand die Passage du Gois, ich arbeitete mich in das Rennen rein. Ich fand mein Team und meine Rolle für diesen Tag. Ich tat, was ich konnte: ein gutes Radrennen fahren. Egal, wie stürmisch es zugig, ich war jetzt mittendrin. Das Ziel am Mont des Alouettes erreichte ich mit Gänsehaut. Meine erste Etappe lag hinter mir – und wir hatten als Team sehr gute Arbeit verrichtet: Philippe, unser Überflieger, war gleich an diesem Tag ins Gelbe Trikot des Gesamtführenden gerast. Wir hatten uns perfekt vorbereitet, wussten genau, welche Taktik in welcher Rennphase angebracht war. Ich erfüllte meine Rolle nach den Problemen am Start, zog trotz meiner Wunden unsere Gruppe im Windschatten bis zum letzten Anstieg. So war Philippes Sieg unser Triumph und damit auch meiner. Abends knallten die Korken, Bierflaschen wurden geköpft – wie so oft, denn die Leute im belgischen Team wussten wirklich, wie man feiert.

***

In der Erinnerung ist die erste Tour de France vor allem laut. Auch in den Jahren danach ist mir das immer wieder aufgefallen. Es ist ein Höllenlärm, es gibt keine Ruhe. Überall grölen Menschen, überall wird gehupt, es tönen Sirenen und Lautsprecher, Musik und laute Motoren. Überall sind Hubschrauber mit ihrem penetranten Gewummer, der alles andere überlagert. Alles ist eng. Der Kalender ist eng getaktet, die Wege sind lang, man kommt nicht gut durch, immer ist noch ein Termin, eine Dopingprobe, ein Mediengespräch, ein Autogrammwunsch. Die Tour de France ist für die Sinne eine unfassbare Belastung. Es ist, als wäre man mehr als drei Wochen lang dauerhaft im totalen Ausnahmezustand. Drei Wochen, in denen ich immer auf der Hut sein muss, alles geben soll und keine Ruhe finden kann. Das ist nicht leicht zu verkraften.

Ich musste mich bei dieser ersten Tour also erstmal sortieren. Ich wusste nicht, wie ich mit den Eindrücken umgehen sollte. Ich hatte mir natürlich alle Etappen genau angeschaut, die dritte wirkte wie eine gute Gelegenheit für mich. Doch als ich drin war in diesem Rennen nach Redon, da bekam ich eine Krise. Das Finale auf diesen 198 Kilometern war unglaublich schnell. Ich wusste schon drei Kilometer vor Ziel nicht mehr, wo vorne und hinten ist. Ich kam als Neunter an, Tyler Farrar hatte gewonnen und ich konnte nur noch mit dem Kopf schütteln. Das hier war das Intensivste, was ich je in Radrennen erlebt hatte, eine neue Dimension für mich. Wie sollte ich hier ein Ergebnis einfahren?

Es gab solche Momente nicht oft bei mir, aber hier ließ ich für einige Momente die Hoffnung fahren und Zweifel hielten Einzug.

***

Philippe Gilbert traten die Tränen in die Augen. Er heulte, er weinte, weil ich ihn angeschrien hatte. Ich hatte mich nicht mehr halten können, in mir war die Wut explodiert. Ich hatte Philippe nicht zur Rede gestellt, ich hatte ihn mir vorgeknöpft und angeschrien, ohne mich oder meine Wortwahl unter Kontrolle zu haben.

Es war der späte Nachmittag des 6. Juli. Mir war jetzt klar, dass ich bei dieser Tour für jeden Sieg nicht nur eine perfekte Leistung brauchte, sondern auch passende Bedingungen. Unser Sprintzug war noch nicht so weit zusammengewachsen, wie es im Jahr davor beim alten Team und in den Jahren danach hier bei Lotto der Fall sein würde. Ich hatte mit Sibi und Jurgen Roelandts eigentlich nur zwei echte Anfahrer, während mein alter Arbeitgeber HTC-High Road mit Mark Cavendish auf einen vollen Sprintzug vertraute. Das hieß: jede Gelegenheit zum Sieg war enorm viel Wert. Mark, der mich schon beim alten Team überstrahlt hatte, verfügte hier einfach über das bessere Blatt.

An diesem Tag, dem 6. Juli, scheiterte ich nicht an meinen großen Widersachern, an Edvald Boasson Hagen, Thor Hushovd oder eben an Mark, der die Etappe gewann. Das ärgerte mich natürlich. Aber an diesem Tag durchkreuzte Philippe meine Pläne und das war viel schlimmer. Etwa 500 Meter vor dem Ziel, zu dem es mit einer ordentlichen Kraftanstrengung hinaufging, kam Philippe zu mir herangefahren. Ich hatte aussichtsreich im Rennen gelegen, das Team hatte mich bis hierhin gebracht. Doch jetzt führte Philippe eine ganze Traube starker Fahrer wieder an die Spitze heran – unter anderem Cav. Die Dynamik auf den letzten paar Hundert Metern geriet aus den Fugen, Mark sprintete zum

Sieg, Philippe dahinter – und ich rollte und grollte voller Zorn direkt danach ins Ziel.

Im Bus ist mir dann der Kragen geplatzt. Rundmachen, das ist der passende Ausdruck für meine Ansprache an Philippe. Mit war jetzt egal, wie großartig er in Form war: Das hier ging nicht, das war ein Ego-Trip, den er auf meine und unser aller Kosten durchgezogen hatte. Er hatte einen Überraschungscoup landen wollen, obwohl die Chancen nur sehr gering waren, und mir damit die Siegchance zerschmettert. Ich ließ die Wut aus mir raus, das habe ich nicht oft getan in meiner Laufbahn, so ein Typ bin ich eigentlich nicht. Aber hier ging es nicht mehr anders. Ich schrie und schimpfte und Philippe fing an zu weinen.

Mag sein, dass ich zu laut war. Aber bei Philippe, das merkte ich, hat die Sache Eindruck gemacht und sein Fehler wurde ihm bewusst. Wir gaben uns alle die Hand, abends gab es eine Gesprächsrunde mit dem Team, danach wuchs die Equipe noch mehr zusammen. Philippe Gilbert fuhr jetzt auch für mich, zwei Tage später brachte er mich in die Position für meine letzten Meter – es fehlte nur eine halbe Radlänge auf Mark, ich wurde Dritter. Immerhin: das Podium. Es war eine Bestätigung: Hier geht doch noch etwas für mich, wenn wir alle an einem Strang ziehen.

***

Auch am 12. Juli sucht Philippe sein Heil in der Attacke, aber das ist in Ordnung. Es reicht nicht für seinen Ausreißversuch, er wird vom Hauptfeld geschluckt. Wir befinden uns im Süden Frankreichs, wir rollen auf Carmaux zu. Die Etappe ist bergig, aber ich bin in guter Position. Über den letzten Berg etwa 20 Kilometer vor dem Ziel habe ich es gemeinsam mit Sibi und Jurgen Roelandts geschafft und jetzt ackern die beiden für mich. Etwa anderthalb Kilometer vor dem Ziel bringt Marcel mich dorthin, wo ich sein möchte: ans Hinterrad von Cav. Sibi zieht weiter vor, bestimmt das Tempo bis wenige Hundert Meter vor Ziel. Als Mark dann zu seinem Sprint ansetzt, jage ich hinterher, wir kommen aus einer sanften Rechtskurve auf die Zielgerade. Das Trommeln der Hände auf den Werbebanden über den Absperrgittern, das Geschrei, der Lärm vom Hubschrauber über uns. Ich bleibe dran, gehe links an Cav vorbei und explodiere ins Ziel. Mein erster Etappensieg bei der Tour! Ich habe es bis hierhin geschafft – und jetzt bin ich angekommen. Dass ich am nächsten Tag gegen Cav im Regen von Lavaur Zweiter werde, ist weniger enttäuschend, als dass es mich bestätigt. Dieses hier ist mein Level und ein höheres gibt es nicht.

***

Es ist schade, dass keine Zeit bleibt zum Genießen, zum Verarbeiten. Der Moment, in dem sich alle Träume erfüllen, ist auch der Augenblick, in dem ein unheimlicher Sog einsetzt: Überall gratulieren Menschen, überall stehen Leute mit Mikros und Kameras. Es stehen Pressekonferenz, Interviews, Siegerehrungen an, der Dopingtest, die Feiern am Abend. Telefonieren, zuprosten, umarmen. Ich werde herumgeführt von Betreuern, Chaperons, dem Pressesprecher, der Organisation. Leute nehmen mich in Empfang und geleiten mich zum nächsten Punkt auf der Tagesordnung. Es bleibt keine Ruhe. Meine Frau hat nach all dem Trubel viele Jahre später etwas sehr Kluges gesagt: »Die ganzen Siege, die er eingefahren hat, wird er erst realisieren, wenn er mal aufgehört hat.« Es bleibt kaum Raum dafür in unserem Geschäft. Auch mit diesem ganz besonderen Sieg, dem ersten bei der Tour, war das so. So arbeitet man mit aller Kraft auf etwas hin, das man eigentlich nicht greifen kann in dem Moment, an dem man es erreicht hat.

Was danach passiert, ist ebenfalls kaum zu ermessen. Die Tour de France ist immer eine unglaubliche Strapaze. Wir versuchten

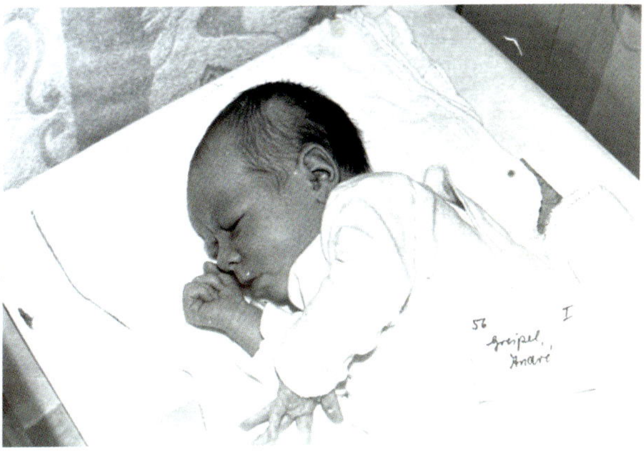

Am 16.07.1982 erblickte ich das Licht der Welt.

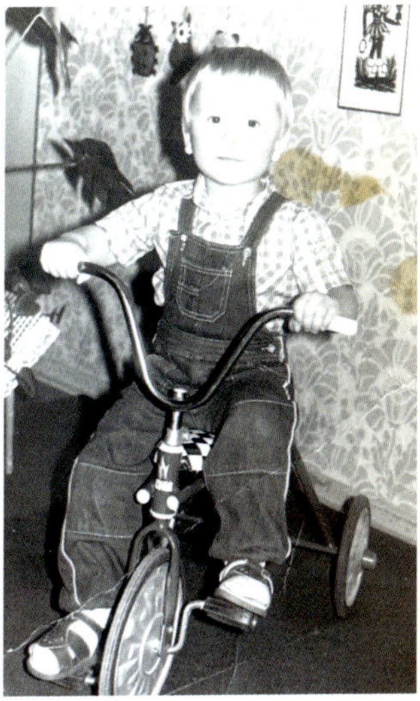

Mein erstes Fahrrad

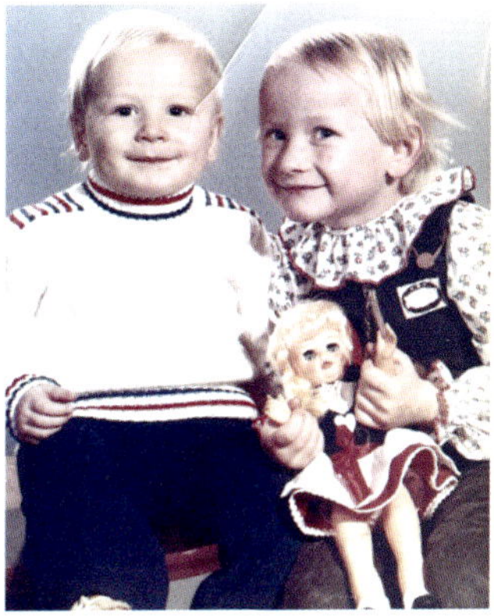

Meine Schwester Claudia und ich

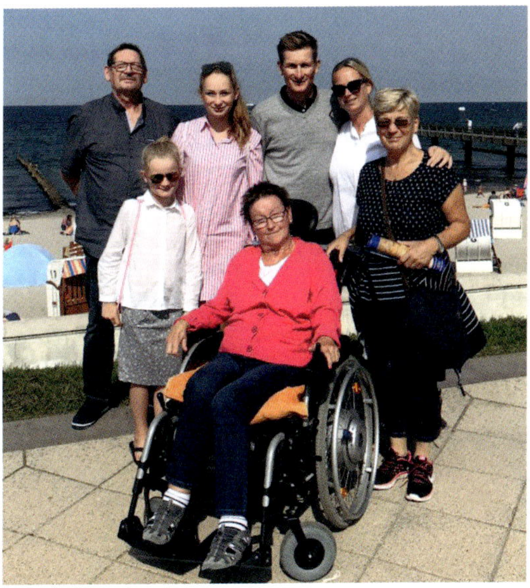

Der letzte Geburtstag meiner Mutter (58): v. li. mein Vater Bernd, meine Töchter Luna und Anna, meine Mutter Gudrun, meine Frau Tina und meine Patentante Brigitte Herkt

2000 wurde ich Deutscher Meister im Bahnvierer mit den Junioren des PSV Rostock (mit Stefan Richter, Martin Winkelmann, Trainer Peter Sager, Marc Altmann v. li.).

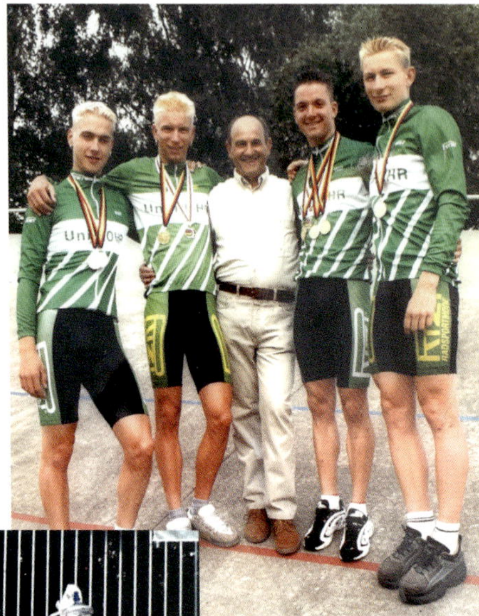

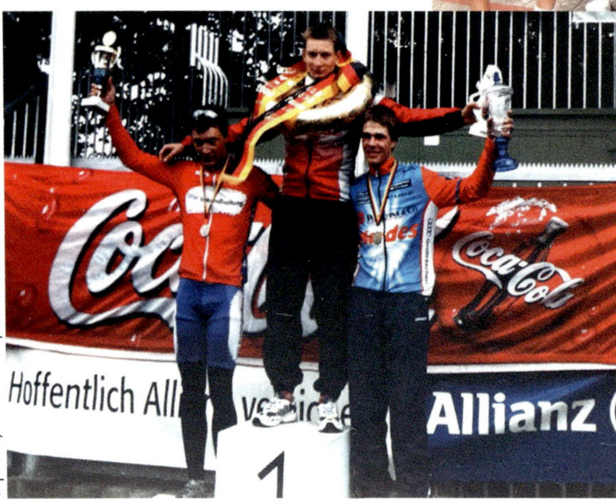

Im gleichen Jahr wurde ich Deutscher Meister der Junioren am Berg.

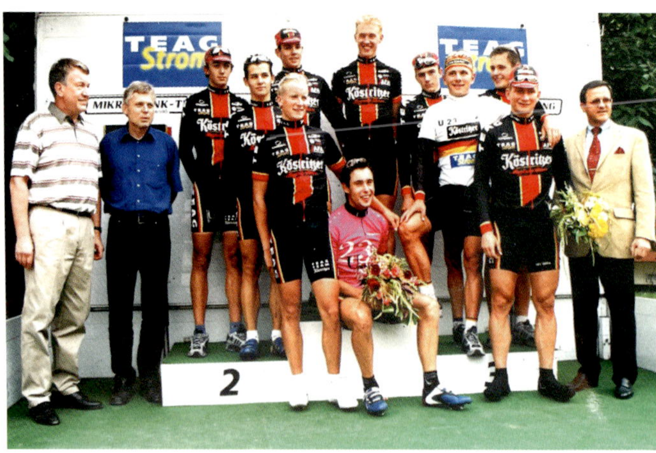

Mit dem TEAG Team Köstritzer gewann ich die Bundesliga-Teamwertung.

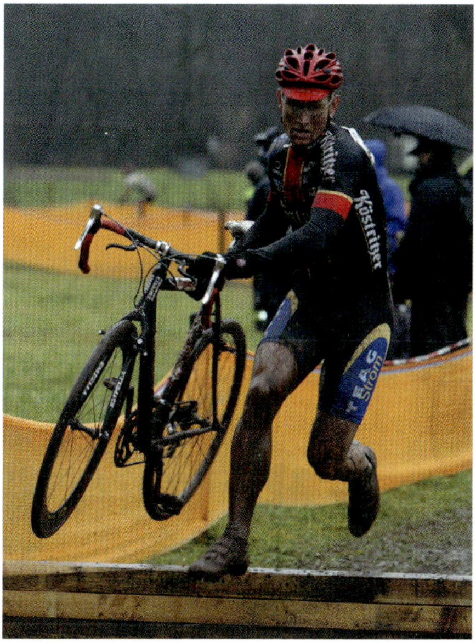

2004 wurde ich Dritter bei der Deutschen Cross-Meisterschaft für das TEAG Team Köstritzer. Cross-Rennen waren immer eine gute Weiterbildung für mich.

2008 – einer meiner ersten großen Erfolge: Etappensieg beim Giro d'Italia

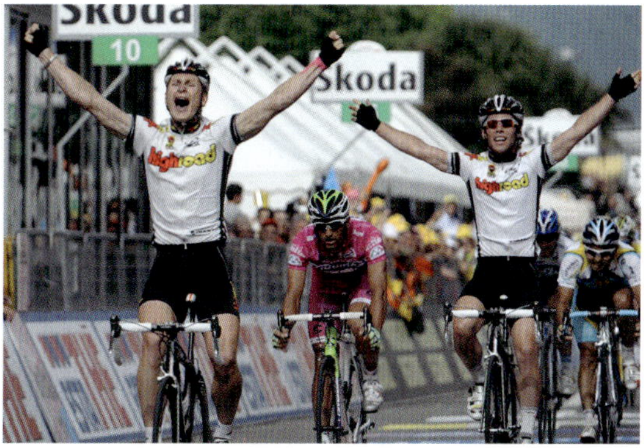

© Roth & Roth

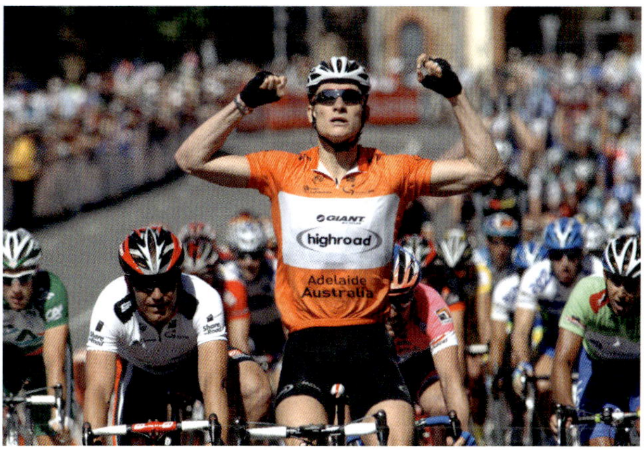

2008 holte ich zudem den Gesamtsieg bei der Tour Down Under. Hier gewinne ich gerade die Schlussetappe.

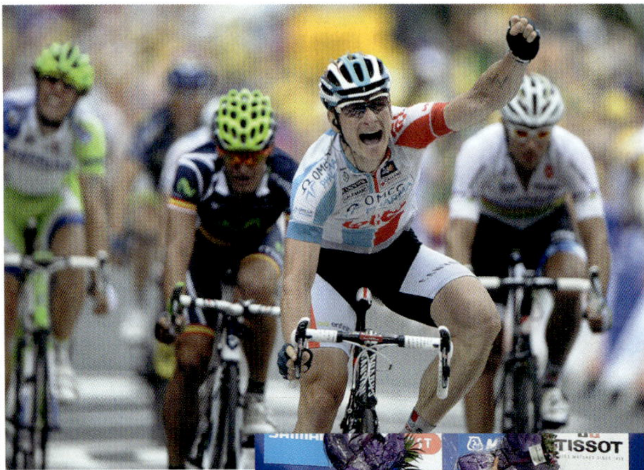

Mein erster Etappensieg bei der Tour de France 2011 vor Mark Cavendish

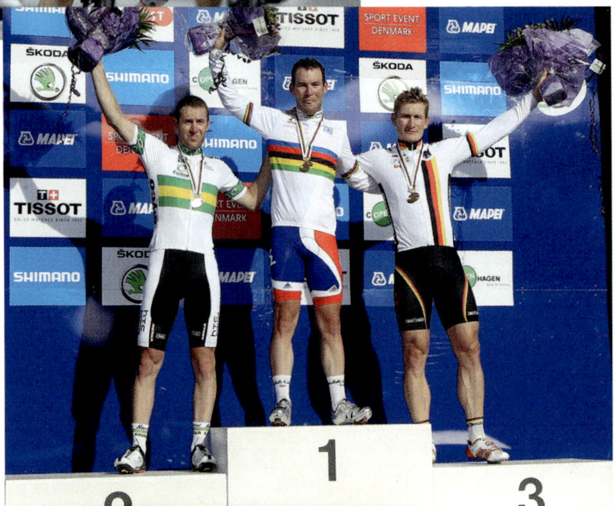

Weltmeisterschaft 2011:
1. Mark Cavendish,
2. Matthew Goss,
3. André Greipel

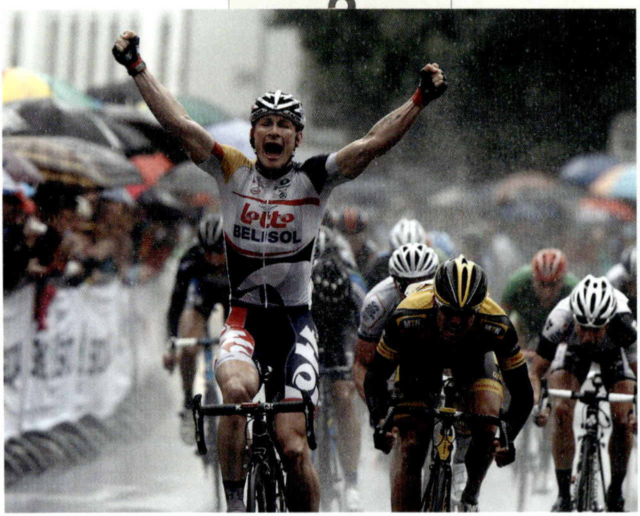

2013 wurde ich Deutscher Meister in Wangen im Allgäu.

Mein Freund, Masseur und Betreuer Raoul Saren. Mit ihm habe ich 15 Jahre zusammen die Rennen bereist.

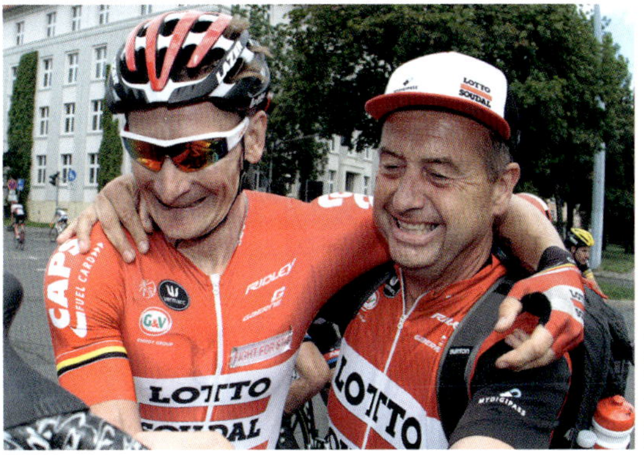

© Roth & Roth

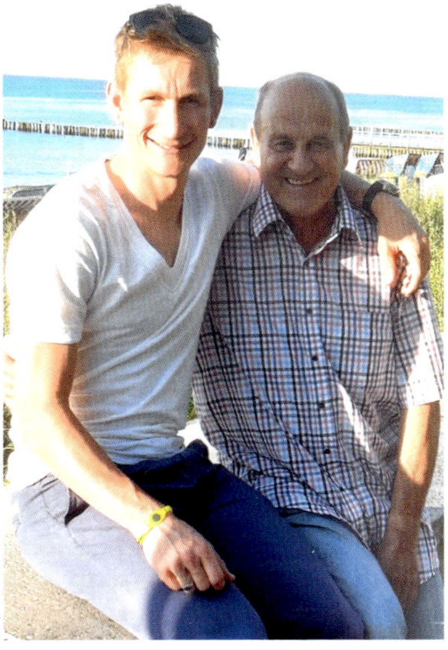

© privat/André Greipel

Zusammen mit meinem Entdecker und ersten Trainer Peter Sager

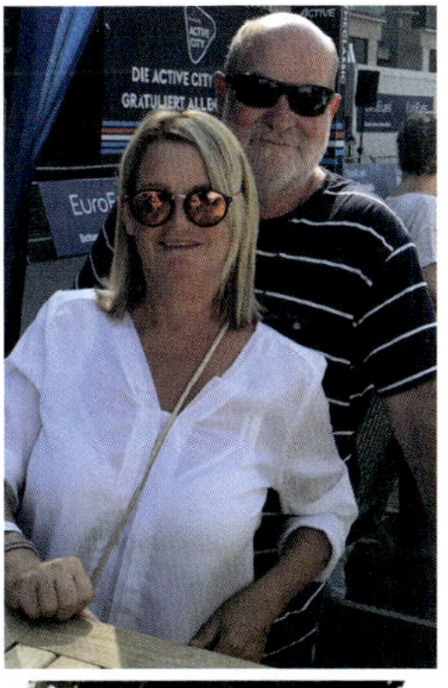

Meine Schwieger-eltern Dieter und Sabine Reddin

© privat/André Greipel

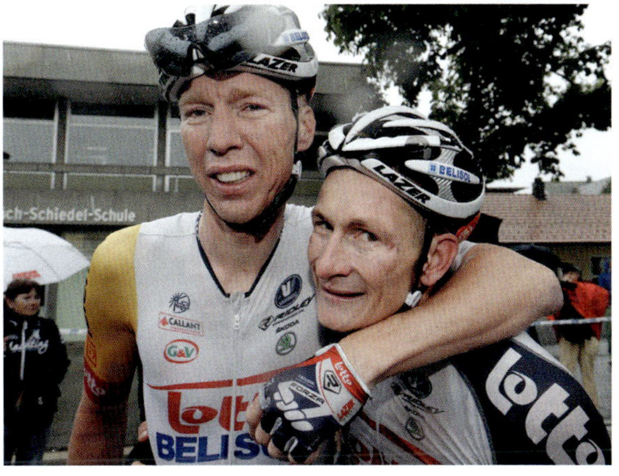

Marcel Sieberg war immer einer der ersten Gratulanten.

© Roth & Roth

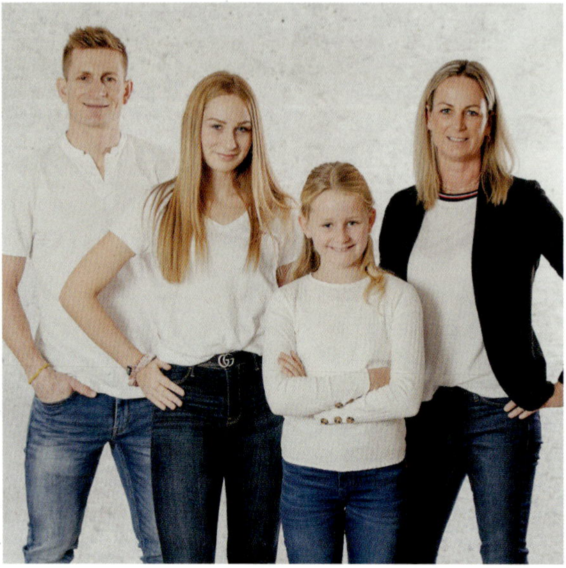

Meine Familie

Familienbesuch beim Giro 2016

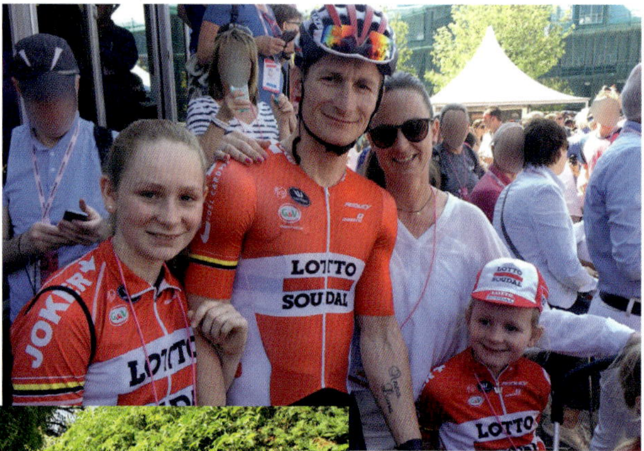

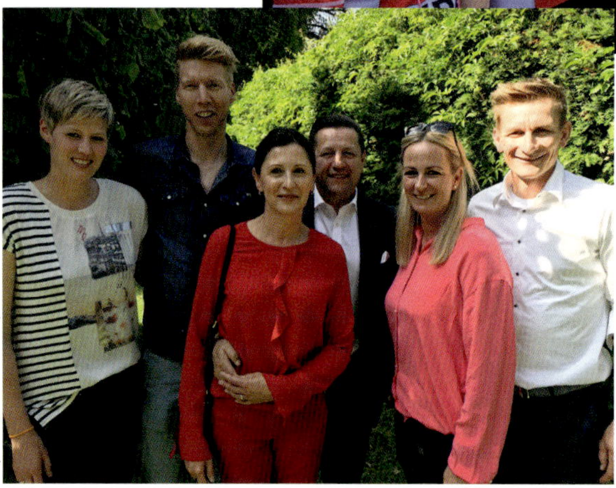

Meine Frau und ich zusammen mit Familie Albrecht und Familie Sieberg (v. re.)

2015 gewinne ich die Etappe der Tour nach Amiens und fahre dabei im legendären Grünen Trikot des besten Sprinters.

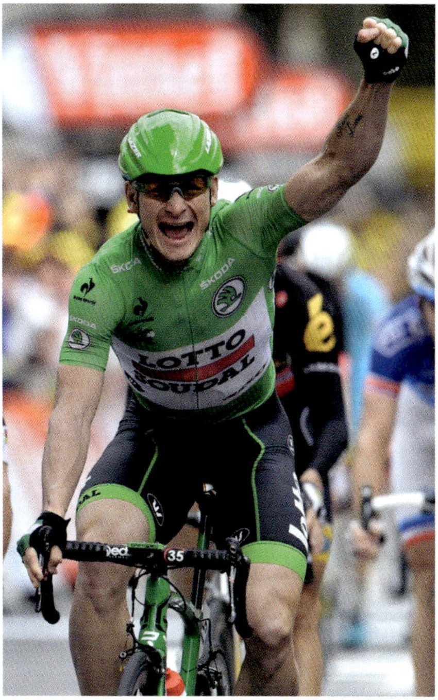

© Roth & Roth

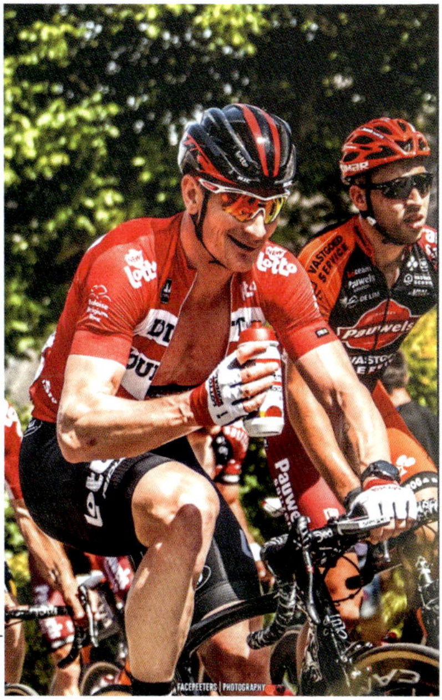

Bei der Belgienrundfahrt 2018

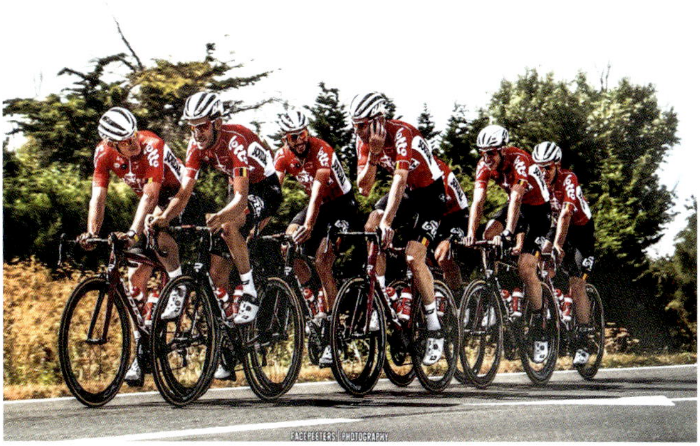

Vor der Tour 2018 mit Lotto Soudal

© Facepeeters

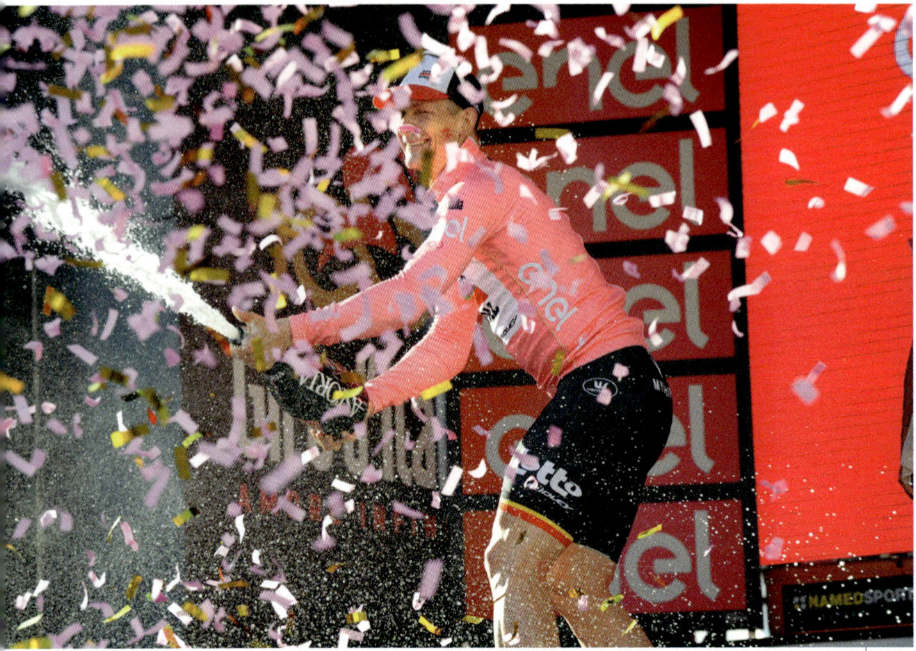

Beim Giro d'Italia 2018 im Rosa Trikot

Zusammen mit meinen Kindern Luna und Anna auf dem Podium, nachdem ich die Zielankunft auf den Champs Élysées 2016 gewonnen habe – einer meiner größten Erfolge!

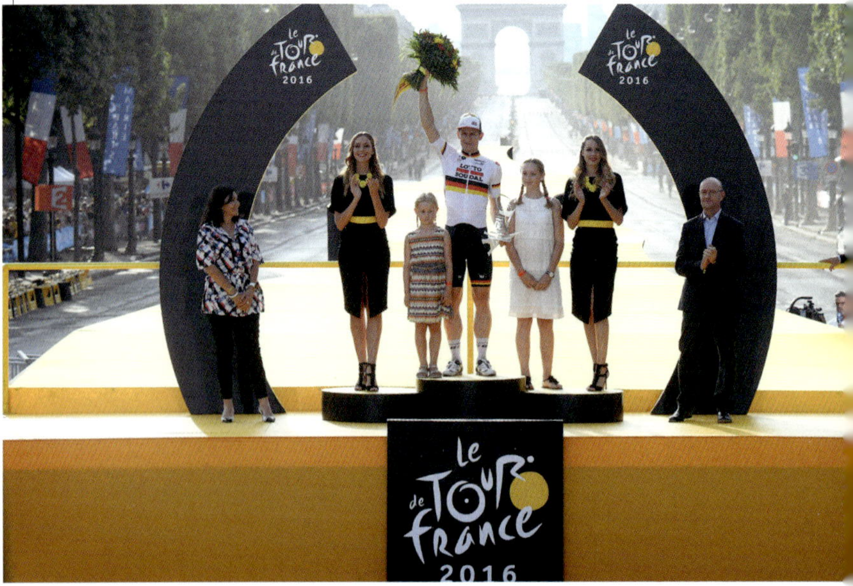

als Team, Mark Cavendish immer und immer wieder abzuschütteln, um Philippe eine Chance um das Grüne Trikot zu bieten, das der Fahrer mit der höchsten Punktzahl bei den Sprint- und Zielwertungen erreicht. Wir fuhren für den Etappensieg von Jelle Vanendert, der in Luz Ardiden in den Pyrenäen triumphierte. Als Jelle gewann, ging es für mich nur noch ums Durchkommen. Die Pyrenäen mit ihren unerbittlichen Anstiegen verursachen unglaubliche Schmerzen, aber wir Radsportler sind gut im Verdrängen, im Selbstbetrug. Nach Regen kommt Sonnenschein. Im Rückblick weiß ich, dass ich ausgebrannt war. Aber ich war vor allem heiß auf die Chance, am Abschlusstag in Paris um den Sieg mitzukämpfen. Ich zeigte wieder eine starke Leistung, wurde aber nur Dritter, hinter Cav.

Für diesen Moment am letzten Tag meiner ersten Tour quälte ich mich hier in den Pyrenäen durch die Berge, wie wir Sprinter es Jahr für Jahr tun, im Gruppetto der Abgehängten, im Kampf gegen das Zeitlimit. Körperlich ist es in der letzten Woche einer solchen Tour unmöglich, sich noch zu erholen. Es geht nur noch, über sich selbst hinauszuwachsen. Ich habe gelernt, dass es möglich ist, dem Schmerz bis zu einem gewissen Punkt die Tür zu verschließen. Ich habe gelernt, und das muss man so harsch ausdrücken, mich selbst zu verarschen. Aber ich habe in den Wochen nach der Tour auch gemerkt, wie platt und ermattet ich war. Dieses Gefühl kann man irgendwann nicht mehr erfolgreich verdrängen.

***

Die Tour de France und mein erster Sieg in Frankreich überstrahlen diese prägende Phase meiner Karriere. Ich hatte die Meerenge im Westen Frankreichs passiert und war im Peloton unterwegs, ich war vielleicht überfordert gewesen, war gestürzt – aber ich hatte mich bewährt. Ich war mir sicher, dass ich jetzt überall eine Chance bekommen sollte. Und so war es für mich auch klar, dass ich bei der Weltmeisterschaft in Dänemark, die im September in Kopenhagen anstand, als Kapitän an den Start gehen würde. Die Weltmeisterschaft im Straßenradsport wird jährlich veranstaltet, aber eine Chance auf den Sieg hat ein Typ wie ich nur wenige Male in seiner Karriere. Bei mir war Kopenhagen, wo ich ja auch meinen ersten Profisieg geholt hatte, das große Ziel nach der Tour 2011. Der flache Parcours bot die Aussicht, für ein Jahr das Regenbogentrikot zu bekommen, das der Weltmeister exklusiv trägt. Es ist eine Frage der Ehre, eines dieser Erfolgserlebnisse, nach denen wir alle streben. Es geht dabei nicht so sehr um Geld oder um die positiven Effekte, die mit dem Marktwert verbunden sind. Nein, auch wenn es Profisport ist: Hier geht es um das Rennen-Fahren an sich, den Wunsch nach Erfolg, die nicht in Zahlen fassbare Ehre eines solchen Titels.

Heute fühle ich mich um meine Chance betrogen und zwar vom Bund Deutscher Radfahrer. Es war der vorletzte Tiefpunkt einer wirklich traurigen Geschichte, die man schlecht als Zusammenarbeit bezeichnen kann. Schon als Jugendlicher war ich vom Verband nicht richtig gefördert worden und hatte es nur dank meiner persönlichen Unterstützer ins Umfeld der deutschen Nachwuchs-Elite und in die Nationalmannschaft geschafft. Mag sein, dass ich als Jugendlicher kein Überflieger war, aber spätestens in der U23 hätte der Verband mich immer zu Weltmeisterschaften mitnehmen müssen. Meine Ergebnisse sprachen für mich, aber der BDR ließ etliche Chancen ungenutzt. Eine Diskussion war sinnlos und verstanden habe ich die Entscheidungen bis heute nicht.

2011 kam es dann zu einer weiteren herben Enttäuschung. Ich hatte mich, nach der Tour de France, mit Sebastian Weber auf eigene Faust in Topform gebracht. Wir hatten drei Wochen auf eigene Faust ein Trainingslager in Badenweiler im Schwarzwald bezogen, mit spezifischem Training, das mich auf das sehr lange WM-Rennen vorbereiten sollte. Ich fuhr in der Phase vor Kopenhagen Eintagesrennen und direkt danach nochmal 100 Kilometer als Training. Ich war in Topform. Aber der Verband schickte keine Mannschaft, die mich als Kapitän hätte zum Ziel tragen können. Der Verband entschied sich dafür, mit Marcel Kittel und John Degenkolb zwei Neuprofis mitzunehmen. So sehr ich nachvollziehen kann, dass man die jungen Fahrer fördert: Wenn es die Chance auf einen Titel gibt, dann sollte man auch alles darauf ausrichten. 2011 passierte das Gegenteil: Wir hatten zwei Männer weniger für den Helferdienst, zwei Männer weniger als all die Teams, die sich mit vollem Elan auf dieses Projekt vorbereitet hatten: Italien, Großbritannien, Australien. Beim BDR wollte man es sich derweil mit niemandem verscherzen, es gab einen Kompromiss zum Vorteil von niemandem. Es fand eine Auswahl statt, die möglichst niemandem schaden wollte, die aber auch nicht zum Rennen passte, das vor uns lag. Jeder wusste, dass wir ein Team brauchten, das bis zum Finale durchhalten und mich beschützen können musste. Aber die Equipe, die unser Verband zusammenstellte, war eine andere. Im Rennen gab es dann noch Stürze, Defekte und vorzeitige Ausstiege bei uns im Team und so hatte ich am Ende nur noch Danilo Hondo und Marcel Sieberg, die mir auf den letzten Kilometern in Dänemark beim Positionskampf halfen – ein hoffnungsloses Unterfangen. Kurz vor dem Ziel war ich dann beinahe verloren im Getümmel. Ich sprintete noch auf Rang drei, hinter Mark Cavendish sowie Matthew Goss aus Australien und vor dem Schweizer Fabian Cancellara. Das war in dem Moment ein Achtungserfolg, eine Medaille für den BDR. Aber für mich bleibt dieses Ereignis bis heute eine Enttäuschung. Ich hätte Cav sicherlich gefährlich werden können, aber wieder war es eine Entscheidung von oben, die mir diese Chance gar nicht erst bot.

***

Im Jahr danach, meinem zweiten beim belgischen Team, das inzwischen Lotto-Belisol hieß, holte ich die beste Gesamtplatzierung meiner Tour-de-France-Karriere. Den Rang hätte ich nicht mehr gewusst, wenn ich nicht bei den Gesprächen für dieses Buch drauf gebracht worden wäre: Es war Platz 123. In der Zahl steckt aber auch eine Leidensgeschichte. Ich glaube, dass ich noch besser hätte abschneiden können, aber in jenem Jahr gab es Wichtigeres. Ich wollte, dass mein Kumpel Greg Henderson die Tour nicht abbricht. Ich hatte ihm viel zu verdanken und wieder war das Leiden in den Pyrenäen enorm.

***

Greg war neu in unserem Team, nach seinem Umweg über Team Sky war seine Präsenz nun ein Schlüssel dazu, dass unser Sprint-Projekt 2012 weiter an Schwung gewann. Die Ausgangslage war klar: Ich war der Sprintkapitän und Marc Sergeant stellte die Ressourcen bereit für mich. Philippe Gilbert verließ nach seiner bombastischen Saison unser Team und so war ich jetzt der Protagonist für die größte Rundfahrt. Das alte B-Team mit Greg, Sibi und Adam war wieder beisammen. Ich siegte in Australien, Oman, in der Türkei, bei der Belgien-Rundfahrt, in Luxemburg und bei der niederländischen ZLM-Tour, auch in Berlin gewann ich beim damaligen Eintagesrennen.

2012 prägte den Blick der Sportwelt auf mich. Präziser: die Tour de France 2012. Ich hatte den Druck, aber ich konnte mit ihm umgehen. Wir hatten als belgisches Team beim Tourstart in Lüttich ein Übermaß an Aufmerksamkeit, aber wir kamen gut damit klar. Schon auf der dritten Etappe nach Tournai wäre mir beinahe der erste Sieg gelungen. Ich machte allerdings einen Fehler, der mich eine halbe Radlänge kostete. Mark Cavendish sprintete vor mir ins Ziel, ich ganz knapp dahinter.

***

Eigentlich mache ich jeden Fehler nur einmal. Es mag erstaunlich klingen, aber als Profi habe ich auch mit Geschwindigkeiten weit oberhalb von 50 Kilometern pro Stunde einen klaren Blick auf Details und merke mir Einzelheiten. An jenem Tag etwa, als Mark mich schlug, hatte ich einfach die falsche Bahn gewählt. Ich wollte links an ihm vorbei, an der Bande entlang, doch das bedeutete auf der Zielanfahrt einen etwas längeren Weg – und es geht ja letztlich auch um Zentimeter. Ich schaue mir diese Dinge immer vielfach an. Ich analysiere genau, was passiert ist. So kann ich lernen und weiß im Rennen, welche Fehler es zu vermeiden gilt.

***

Ich hatte Greg einiges zu verdanken, mindestens aber meinen zweiten Etappensieg bei der Tour 2012. Bereits am Vortag hatte ich mich durchgesetzt, im Finish war ich schneller als Alessandro Petacchi und Tom Veelers. Am Tag danach, auf dem Weg nach St. Quentin, verlief das Renngeschehen chaotisch. Wenige Kilometer vor dem Ziel wurde ich in einen Sturz verwickelt. Alle hatten genau das zu verhindern versucht, wir Sprinter und die Klassementfahrer, alle waren ja bestrebt, möglichst einem Sturz oder einem auseinanderreißenden Fahrerfeld zu enteilen. Und wie es dann so ist: Irgendeinen erwischt es. Diesmal waren es viele Fahrer, die am Boden lagen, und ich mittendrin. Alle anderen aus meinem Team hatten es geschafft. Greg wartete auf mich und dann pflügte er mit mir durchs komplette Feld. Wir fuhren mit Tunnelblick zickzack mit voller Kraft von hinten durch die gesamte Belegschaft der Tour, bis ich tatsächlich 1000 Meter vor Ziel wieder am Hinterrad von Jurgen Roelandts hing. Jurgen machte Tempo für mich und ich ging rechtzeitig in den Wind. Das war ein fantastischer Sieg. Nachdem ich am Boden gelegen hatte, hatte ich über den Funk immer wieder »Warten! Warten!« gerufen, weil ich irgendwie noch an unsere Chance glaubte. Es war Greg, der sie am Leben hielt. Und auch am Tag danach in Metz malochten Greg und die anderen für mich, obwohl ich schon nicht mehr an mich glaubte. Da war ich auf meine Problemschulter gestürzt, hatte sie mir aus- und wieder eingekugelt und wollte das Rennen schon abschreiben. Doch das Team blieb geschlossen und fuhr so stark, dass ich beinahe gewonnen hätte – wäre nicht Kris Boeckmans zwischen Greg und mich gefahren und ihm direkt darauf die Kette gerissen, sodass ich rausnehmen musste und alle Chancen auf Platz 1 dahin waren. Und dann schaffte ich sogar noch meinen dritten Etappensieg bei dieser Tour, in Cap d'Agde. Doch am Anstieg im Finale, dem Mont Saint Clair, wäre ich fast aus der Spitzengruppe gefallen. Ich sprintete über den Anstieg, kam wieder ran an meinen Teamkollegen Lars Bak, dann opferte sich die ganze Mannschaft – und im Ziel gewann ich vor Peter Sagan, der für Etappen wie diese eigentlich viel eher ein Sieganwärter ist. Es war der französische Nationalfeiertag, der 14. Juli, die Straßen waren noch voller mit Menschen als sonst schon und diese Tour war bereits ein Triumph.

***

Es war die erste Tour für Greg, aber nicht für den Col du Tourmalet. Der Berg in den Pyrenäen war der Schauplatz der ersten Hochgebirgsetappe der Tour-Historie und gilt bis heute als einer der berüchtigtsten Anstiege. Er bietet wenig Abwechslung, ist aber sehr monoton und wartet mit teils steilen Passagen auf. Greg hatte einen schlechten Tag, das war ihm anzusehen, und wir mussten etwas tun.

Es war unser Ziel, gemeinsam nach Paris zu kommen und wieder um die Chance auf einen Sieg am letzten Tour-Tag zu sprinten.

So habe ich beschlossen, dass es Zeit war für mich, alle Kräfte für meinen Teamkameraden zu mobilisieren. Schon für mich allein trete ich am Tourmalet und beim finalen Anstieg zum Col de Peyresourde sicher dauerhaft 350 bis 380 Watt. Hier waren es erheblich mehr, denn Greg mitzuschleifen ist Schwerstarbeit. Ich hakte Greg unter und zog ihn mit mir den Berg hoch. Das war natürlich alles andere als legal und wir schauten, ob uns jemand sah aus dem Jury-Wagen. Aber unsere Kameradschaft war mir wichtig. Ich wollte alles für Paris geben, damit Greg das Ziel dort erreichte. Und so zog ich ihn und zog mit aller Kraft, aber erholt habe ich mich von den Strapazen nicht mehr. In Paris reichte es dann nur noch zum 8. Platz im Zielspringt. Die Kraft war raus. Aber wir hatten es bis ins Ziel geschafft. Platz 123 für mich. Eine bleibende Erinnerung.

***

Wir waren bereits nach zwei Saisons unter den Sprintermannschaften absolute Weltklasse. Ich holte 18 Siege, sprintete viele Male aufs Podium und krönte eine meiner besten Saisons. Natürlich wollten wir das weiter ausbauen, Lotto-Belisol hatte ein klares Profil entwickelt und ich war eine prägende Gestalt. Wir wollten diese Sprintstärke, diese Auftritte bei der Tour weiter forcieren. Aber zugleich hatte ich mir vorgenommen, mich in einem anderen Teil der Saison stärker zu widmen: der Klassikerzeit, den hart umkämpften Rennen des Frühjahrs in Belgien. Schließlich kam unser Team aus dieser schroffen Gegend und war fest verbandelt mit den Fans in Gent, Antwerpen und den anderen Hochburgen der flämischen Radsport-Begeisterung.

***

Ich wollte meinem Team etwas zurückgeben in dieser Phase und hatte nicht vor, auf eigene Rechnung die Rennen zu gestalten. Vielmehr stellte ich mich in den Dienst meiner Kollegen, die auf Kopfstein und belgischen Hügeln zu Hause waren, allen voran Jurgen Roelandts. Im Nachhinein war das kein besonders erfolgreiches Unterfangen von uns, aber es war dennoch eine gute Wahl. Man kann als Vertreter eines belgischen Teams diese Rennen nur annehmen. Es sind Volksfeste, wie man sie sich in Deutschland um den Radsport kaum vorstellen kann. Und es hat sich gelohnt, im Laufe der nächsten Jahre gab es viele aufregende Renntage und Erinnerungen.

Ich wurde hauptsächlich bei den Klassikern mit den unzähligen Abschnitten über das Pavé eingesetzt. Das sind jene Rennen, bei denen es viele Kilometer weit übers Kopfsteinpflaster geht, mit einer brachialen Note, bei denen nur die Stärksten vorne bleiben können, bei denen man sich selbst und allen anderen gegenüber unglaublich hart sein muss (in Belgien heißen diese Fahrer denn auch »Flandrien«, aber dazu später mehr). Diese Phase der Saison ist, wenn man sie voll auf Wettkampf fährt, so anstrengend wie keine andere. Der so genannte »Training Suffer Score«, also die körperliche Belastung bei diesen Fahrten, ist weitaus höher als bei den meisten Tour-Etappen. Während der Wochen, die ich üblicherweise in diese Rennen eintauchte, gab es unglaublich schwierige Rennen – und danach immer zwei Tage Zeit für mich selbst und meine Betreuer, um meinen Körper und meinen Geist wieder hinzubiegen. Es ist kein Wunder, dass man nach dieser Phase ein wenig Abstand von der Rennwelt braucht, nicht so sehr körperlich. Der Geist hängt nach diesen Strapazen und der unheimlichen Konzentration in den Rennen einfach durch. Wer meint, Radsport sei nichts für den Kopf, der soll mal in einem Klassiker fahren. Es ist ein dauerhafter Streit und ein ständiges Schielen und Kalkulieren, es geht um Positionen und Gefahrenpunkte, um wichtige Wegmarken und Zielvorgaben. Vor allem ist das Klassikerfahren eine dauerhafte Selbstüberwindung. Auch als Fahrer mit Routine braucht man einige Zeit, um das wegzustecken.

***

Es ist unheimlich schwer, den Erfolg auf Dauer zu halten. Wir blieben auch 2013 stark, aber es passte einiges nicht zusammen. Zumal wir nicht allein sind auf der Welt, sondern auch die anderen etwas Neues entwickeln. Das war in diesem Jahr der Fall. Der Nachwuchsprofi, den ich am liebsten bei der WM 2011 nicht dabeigehabt hätte – Marcel Kittel –, war urplötzlich mein größter Widersacher geworden. Kittel war eine Erscheinung, einer, der mit seiner körperlichen Stärke ebenso zu überzeugen wusste wie mit seinem offenen Auftritt gegenüber den Medien – ein neuer Star, ein würdiger Widersacher für mich. Und auch mein alter Rivale, Mark Cavendish, jetzt bei Quick-Step in Belgien, mischte kräftig mit in den Zielsprints. Plötzlich war weniger Platz für mich. Plötzlich war meine Rolle wieder in Gefahr.

***

Ich habe gelernt und längst verstanden, dass Scheitern genauso zum Leistungssport gehört wie die großen Siege. Seit vielen Jahren arbeite ich mit Mentaltrainern zusammen. Wer Sport auf diesem Niveau betreibt, in dieser unerbittlichen Welt des Ergebnisdrucks und der Fixierung auf den Sieger, muss mit Rückschlägen klarkommen. Ansonsten droht man, psychisch daran zu zerbrechen. In den Jahren 2013 und 2014 gab es einige solcher Rückschläge, die andere Menschen tief in Krisen stürzen könnten. Ich höre das immer wieder aus Fragen der Journalisten raus, die dieses Thema nachvollziehen möchten, weil sie die enorme Fallhöhe mancher Rückschläge beschäftigt. Es sagt sich einfach, aber es zu akzeptieren, das ist die Herausforderung: Stürze gehören dazu, im Material steckt man nicht drin. Zuversicht kann man lernen, einen mentalen Umgang mit Negativerlebnissen einstudieren. Eines ist aber besonders wichtig: das Zutrauen in mich selbst und in das Team, das mich bis zu diesem Punkt gebracht hat.

***

In den Jahren 2013 und 2014 stand ich auf dem mentalen Prüfstand. Bei der Tour de France 2013 etwa, die in Korsika startete, hätte ich kaum mehr Pech haben können. Auf der ersten Etappe wollte ich, so war es unser klares Ziel, ins Gelbe Trikot sprinten. Diese Etappe war sagenumwoben. Im Ziel hing der Bus von Orica Greenedge unter dem aufblasbaren Zielbogen fest, nichts ging mehr, über Funk wurde darüber geredet, dass das Rennen drei Kilometer verkürzt werde. Es war ein wildes Hin und Her am Funk, und am Ende blieb alles beim Alten, weil man den Bus noch rechtzeitig wegbekam. Aber ich hatte ganz andere Probleme: 20 Kilometer vor dem Ziel hatte ich einen Hinterradschaden. Nachdem ich mich wieder ans Feld herangekämpft hatte, fuhr mir auf den letzten Kilometern ein anderer Fahrer ins Rad, die Schaltung riss ab. Trotz aller Verwirrung und Widrigkeiten waren wir als Team gut in Position und dann das. Marcel Kittel, der Shootingstar des deutschen Radsports, raste bei seiner ersten Tour-Etappe ins Gelbe. Ich rollte abgeschlagen hinterher. In den Augen der Öffentlichkeit war ich ganz plötzlich die negative Randnotiz und ein junger, medienaffiner Mann gewann, der urplötzlich um Siege mitsprinten konnte. Eine neue Rivalität war entstanden, ganz plötzlich.

***

In diesem Jahr verlor ich noch zweimal auf den letzten Metern gegen Marcel. Ein anderer Deutscher also, der plötzlich in Frankreich die Siege einfuhr. Das passte mir natürlich nicht. Immerhin hatte ich in Montpellier gewonnen, aber mich wurmten ganz andere Dinge. Die Etappe nach Saint Malo, wo ich den letzten Knick in der Zielanfahrt mit zu viel Schwung nehme, kurz einen Tritt rausnehme und damit Marcel den knappen Sieg ermögliche. Ein Fahrfehler! Und dann eben die Sache in Paris. Schon die ganze Saison lang hatte ich mit dem Material zu kämpfen. Unser Elfer-Ritzel, das mir die längste Übersetzung im Schlusssprint und damit die maximale Geschwindigkeit ermöglicht, machte seit Längerem Zicken. Ich hatte das schon häufig kompensiert in der Saison und so manchen Sieg mit dem Zwölferritzel ersprintet. Aber am letzten Tag der Tour, in Paris, im Flutlicht, sollte es zum Showdown kommen. Und wieder springt meine Kette vom Ritzel. Auf den letzten Metern. Marcel reist die Arme hoch, ich verliere den vielleicht bis hierher wichtigsten Sprint meiner Karriere. Es ist zum Kotzen. Ich weiß, dass es nicht an mir liegt. Ich weiß, dass Marcel jetzt gefeiert wird und den Ruhm bekommt. Es ist sein gutes Recht, auch er hat es sich verdient. Aber ich hätte es schaffen können, wenn das Material gepasst hätte.

***

Das Material wurde überarbeitet. Campagnolo, unser Ausstatter für Schaltungen, nahm Korrekturen vor und entwarf ein »Greipel-Ritzel«, wie man es nannte. Aber im Jahr danach hieß es dann plötzlich, ich sei zu lieb. Das sagte Marc Sergeant, nachdem es bei der Tour de France überhaupt nicht nach Plan gelaufen war. Die Tour war in England gestartet, wo die Euphorie so riesig war wie Jahre zuvor in Deutschland beim Tour-Spektakel. In diesem Getümmel war ich vorsichtiger, als man es sich von mir erhofft hatte. Einmal musste ich im Finale in London bremsen, weil Zuschauer direkt vor mir auf der Straße standen. Ich kam nur auf Platz 21 in London an, während Marcel die Magie seines Vorjahres-Sommers gleich wieder aufleben ließ. In Deutschland redeten alle nur noch von Kittel, in Belgien ärgerten sie sich, in meinem Team sagte der Boss: Greipel ist zu lieb.

Damit hatte er nicht ganz unrecht. Ich bin keiner, der im Sprint richtig rangelt. Mir liegt es nicht, einen richtigen Kampf auszuführen. Ich vertraue auf meine Schnelligkeit im Endspurt und auf die Stärken eines Teams, das mich in Position bringt. Ich mag es nicht, mich selbst zu gefährden, andere noch viel weniger. Es gibt Grenzen, über die ich nicht gehen möchte. Alles andere finde ich unanständig.

Aber ich glaube nicht, dass das ein Manko ist. Im Gegenteil, es hatte ja in den Jahren davor auch funktioniert. Etwas anderes war viel eher die Ursache der Schwäche, die mein Umfeld 2014 plötzlich bei mir zum Problem machte. Im Frühjahr war ich, beim Klassiker Gent-Wevelgem, auf dem Boden gelandet. Wieder verletzte ich mich an der Schulter und diesmal so schwer, dass ich operiert werden musste; es war eine komplizierte OP, mit künstlichen Bändern für den doppelten Riss und vielen Beratungen mit den Operateuren. Danach hatte ich einen so genannten Klavierknochen, beim Blick in den Spiegel stand eine Schulter immer etwas hoch. Das fühlte sich nicht gut an, das wirkte sehr verletzlich. Es dauert Monate, bis der psychologische Schock, die Operation und die Rekonvaleszenz verdaut sind. Aber Monate hatten wir nicht. Monate der Pause bedeuten schnell, dass ein ganzes Jahr verlorengeht. Ich versuchte, ins Geschehen einzusteigen, aber in den finalen Sprints blieb immer etwas Respekt vor der Situation. Es ist ein unbewusstes Schutzprogramm im Kopf, die Vernunft schaltet sich ein und wer kann es ihr verdenken: Wenn plötzlich Zuschauer vor mir stehen, dann kann ich nicht draufhalten. Wenn es eng wird im Finale und die anderen rangeln, dann wird es mir mulmig. Das war die Lage im Sommer 2014. Marcel Kittel siegt, ich werde kritisiert. Ich wehre mich nicht mit Worten, sondern mit meinen Beinen – und vertraue in meine Fähigkeiten, die ich ja nunmehr kenne. Immerhin hole ich einen Etappensieg.

Oh, Champs-Élysées

Es ist nicht leicht, den Triumph einzuordnen. Denn es ist beinahe unendlich schwer, ihn überhaupt zu erreichen und ob es am Ende reicht, das hat man nicht in der eigenen Hand. Es ist das Schicksal eines Hochleistungssportlers und noch mehr das Los eines Sprinters im Radsport, dass man alles geben und jedes letzte Watt an Entschlossenheit in die Zielanfahrt bringen muss, dass man aber das eigene Schicksal doch nie selbst in der Hand hat.

Man trifft immer wieder dieselben Rivalen, mal sind sie besser drauf, mal schlechter. Man hat Probleme mit dem Material, sei es ein Ritzel, sei es ein Reifen. Es kann ein Zuschauer auf der Strecke stehen oder es gibt eine Anschlagsdrohung auf das Rennen, sodass alles infrage steht, für das man über Monate geackert hat. Ich selbst kann alles richtig machen, meine Kollegen können fehlerlos für mich fahren, Monate der Arbeit und Planung können perfekt laufen – und doch mag es sein, dass es am Ende nicht reicht für den Sieg. So brutal ist das Geschäft, aber darüber habe ich mich nie beschwert.

Alles ist eine Frage des Timings, das habe ich gelernt in meinem Leben. Es ist nicht das Timing, wie es zum Beispiel Stand-up-Comedians brauchen, die mit ihrem Tempo das Publikum zur Pointe manövrieren und die Spannung halten. Was ich brauche, ist das Timing des akribischen Arbeiters, der auch davon lebt, dass um ihn herum alle anderen Menschen genauso energisch am gemeinsamen Erfolg arbeiten. Diese Art Timing, da zu sein, wenn es zählt, sich nicht abschütteln lassen und dann sehen, ob der Plan aufgeht, das ist eine wichtige Lehre, die ich aus meinem Weg ziehe.

Und wenn es läuft, dann wird aus der unerbittlichen Arbeit ein magischer Moment. Dann gilt es, offen zu sein für den Erfolg und ihn zu genießen. Denn der Erfolg und seine oft überwältigenden Eindrücke sind flüchtig.

***

Es liegt mir eigentlich nicht nahe, einzelne Erfolge oder Wochen in meiner Karriere besonders hervorzuheben. Der Weg bis dahin war konstant, es bedeutete durchgehend harte Arbeit und ich hatte Erfolge, die andere vielleicht gar nicht so wahrgenommen haben. Aber es ist doch unübersehbar, dass der Sommer 2015 ein herausragender Zeitraum in meinem Leben war.

Es geht immer um Details, auch wenn das vielleicht manchmal untergeht, wenn Tausende auf der Straße stehen und uns zujubeln. Ein solches Detail war die Finte, die Sibi am 5. Juli 2015 um etwa 17:18 Uhr auf der künstlichen Insel Neeltje Jans zwischen Nordsee und Oosterschelde ausführte, mitten in der surrealen Kulisse einer Landmasse, die künstlich ins Meer getrieben wurde. In der windigen Anfahrt zum Ziel streute Marcel ein kleines Manöver ein, mit dem er den Zielsprint auf dieser zweiten Etappe der Tour de France von Utrecht nach Seeland entscheidend beeinflusste.

***

Nachdem wir als Team 2014 zwar ein ordentliches, aber eben doch auch mitunter schwieriges Jahr erlebt hatten, nachdem ich aber im Sommer in Paris auch schon an meinem Material gescheitert war, hatten wir dieses Jahr nichts dem Zufall überlassen wollen. Unser 2011 gestartetes Projekt, das ich auch klar als mein Projekt wahrnahm, sollte sich in diesem Jahr endlich in voller Pracht entfalten. Es mochte stimmen, dass Cav immer noch in Top-Form war, dass

Marcel Kittel zuletzt mehr gestrahlt hatte als ich. Aber aus meiner Sicht gab es keinen Anlass, unsere Stärken mit Blick auf den Höhepunkt unseres Geschäfts, die Tour, zu vergessen und unsere Ausrichtung zu verändern. Im Gegenteil. Dank des einen Etappensiegs, den ich bei der Tour im Vorjahr dann eben doch noch meinem Palmarès hinzufügen konnte, hatte sich der Diskussionsbedarf mit Marc Sergeant und dem Umfeld unseres Teams auch für die neue Saison erübrigt. Natürlich hat unsere Teamleitung immer einen Etappensieg als Ziel ausgegeben für die Tour de France und natürlich hat das einen hohen Druck für uns bedeutet, allen voran für mich. Aber mehr als diesen einen Erfolg, das wusste auch das Management, durfte man nicht verlangen.

In der Vorbereitung auf die Saison nahm ich mit der sportlichen Leitung in den Blick, was unsere Mannschaft seit Jahren ausgemacht hatte. Und diese Stärke, den Sprintzug, wollten wir hegen und pflegen. An unserem Personal für diese Vorhaben hatte sich deshalb auch nichts verändert, was immer auch viel Verhandlungssache ist. Ich war es ja schließlich, der ein halbes Jahrzehnt zuvor mit meinen Jungs in Belgien angetreten war, mit Greg Henderson, Adam Hansen, mit Sibi. Und jetzt setzten wir darauf, dass dieser Zug wieder volle Fahrt aufnehmen konnte.

Andererseits gab es allerdings nie nur mein persönliches Ziel oder nur unsere Sprinter-Fraktion. Denn wir agieren ja in einem größeren Zusammenhang. Obwohl es keinen Zweifel gab, dass ich zu den allerbesten Sprintern der Welt zählte, war ich im Vorjahr – wenn man die vom Weltverband verteilten Punkte betrachtete – nicht mal unter den Top-Ten der Endschnellsten im Profizirkus gelandet. Andere hatten bei mehr Rennen bessere Ergebnisse erzielt. Was ich eingefahren hatte, war in einem verunsicherten Umfeld für unser Team keine gute Ausbeute, weil sich natürlich sehr viel unserer Organisation und unseres Budgets auf mich konzentrierte und ich diese Ausrichtung letztlich nicht nur mit einzelnen Etappen, sondern auch mit Punkten vom Weltverband UCI krönen sollte.

Es war eine Periode, in der viel Druck über Reformpläne in der Weltelite kam. Für die Teams, für die Manager, für die Sponsoren und damit letztlich auch für uns als Sportler und unsere Entwicklungsmöglichkeiten war eine gute Punkt-Ausbeute im Wettbewerb mit den anderen Organisationen damals sehr wichtig. Punkte gibt es, je nach sportlicher Wichtigkeit der Rennen, in unterschiedlicher Anzahl. Für einen Etappensieg bei der Tour de France wurden damals 20 Punkte vom Weltverband UCI vergeben, für einen Giro-Tagessieg 16 – aber für einen Erfolg bei einem der harten Eintagesrennen wie E3 oder Gent-Wevelgem in Belgien gleich 80. Diese Zähler sind aber eben nicht nur für den Ehrgeiz wichtig, sondern am Ende auch entscheidend für die Bewertung unserer Teams. Wer ganz oben mitmischen möchte, muss Punkte holen. Damals, vor der Saison 2015, war die Rede von einer Reform der UCI-World-Tour, also der Eliteklasse des Profiradsports. Wir hatten in den vorigen beiden Jahren als Mannschaft nicht besonders gut abgeschnitten und es drohte sogar das Szenario, dass eine Reform der World-Tour für uns die Zweitklassigkeit bedeutet hätte. Was wäre dann passiert? Das Team bekommt keine Startgarantien mehr für die besten Rennen, die Sponsoren verringern ihre Prämien oder springen ab, Fahrer gehen auf der Suche nach besseren Verdienstmöglichkeiten woanders hin. Eine vormals stolze Equipe kann also schnell zum Scheitern verurteilt sein.

Wir hatten einen neuen Sponsor für unser Team gewonnen: Statt Belisol war nun Soudal, ein belgischer Silikonhersteller, auf unserem Trikot also Co-Sponsor vertreten. Es änderte sich auch das Programm für mich. Ich war damit einverstanden, dem Team bei seinem Kampf um UCI-Punkte und überhaupt in der Klassikersaison mehr zurückzugeben, und stellte mich daher noch mehr in den Dienst dieses Vorhabens als in den vorherigen Jahren. So war schon früh klar, dass ich nicht nur in Sprintankünften bei Rundfahrten, sondern auch bei den großen Eintagesrennen des Frühjahrs eine Rolle spielen sollte. Gent-Wevelgem, der vermeintliche »Sprinter-Klassiker« im flachen Teil Flanderns, aber auch die Flandern-Rundfahrt und Paris-Roubaix standen auf der Liste meiner Saisonhöhepunkte, ehe ich mit meiner Sprinterfraktion mit der konzentrierten Feinarbeit vor der Tour beginnen würde.

Wir änderten Abläufe, um den geduldigen Formaufbau mit den Höhepunkten um die Osterzeit und im Hochsommer zu ermöglichen. Ich flog nicht mehr nach Australien, wo ich ja eigentlich so gern in die Saison gestartet war, sondern tingelte durch Europa, von Mallorca im Januar über den Kontinent. Von Beginn der Saison bestritt ich ein Programm, das eher dezent ausfiel, mir aber eine gute Fitness für die Klassiker liefern sollte. Allerdings bekam ich auch früh in der Saison Gelegenheiten, mich im Massensprint zu bewähren und auch die nötigen Ergebnisse fürs Selbstvertrauen einzufahren. Auch wenn ich bei Weitem kein Anfänger mehr war, so braucht es doch jedes Jahr einen neuen Zugang, einen neuen Anlauf und im besten Fall frühzeitig positive Erlebnisse, um gut in die Saison zu kommen. Bei der Algarve-Rundfahrt gewann ich im Februar eine Etappe, das war schön. Wenn die eins auf dem Ergebnisbogen steht, dann ist das für die weiteren Wochen viel wert, und dabei spielt die Konkurrenz gar nicht so eine Rolle. Im März verwies ich dann ein gutes Sprinter-Feld auf der zweiten Etappe von Paris-Nizza auf die Plätze. Meine beiden Hauptrivalen, Kittel und Cavendish, waren allerdings nicht dabei. Feinarbeit an unseren Abläufen unter Rennbedingungen leisteten wir dann auch noch bei Mehrtagesrennen wie den Drei Tagen von De Panne in Belgien und der *Presidential Tour of Turkey*, einem Rennen, das ich trotz meiner vielen Siege im Laufe der Jahre eigentlich nie mochte, weil ich der Konkurrenz insbesondere aus den kleineren Teams nicht recht traute, wenn es darum ging, wie die Leistungen zustande kam. Dort unterlag ich Cavendish zu Beginn zweimal im Sprint, was mich in dem Moment durchaus verärgerte, nahm aber einen Etappensieg mit und beendete dann die Rundfahrt vorzeitig, um für den Giro bereit zu sein. Denn auch die Italien-Rundfahrt hatte ich zum ersten Mal seit fünf Jahren wieder in meinem Programm – und dort gelang es mir zum Glück auch, mit einem Etappensieg im Gepäck wieder abzureisen.

***

Nach einem Jahrzehnt im Profi-Geschäft hat sich manches Bild gefestigt, man könnte sogar sagen versteinert. Ich war André Greipel, Codename Gorilla, der vor dem Zielstrich explodiert. Ich war der Kopf einer Sprintermannschaft, für den es um Millimeter geht. Die Welt da draußen hatte mich abgespeichert, die Medien zeichneten ihr Bild. Auch wenn ich es geschafft habe, mich in meinem Seelenfrieden von dieser Außenwahrnehmung immer weiter zu entkoppeln, so war ich doch bereit für eine Entwicklung. Mit jetzt bald 33 Jahren wollte ich auch zeigen, dass ich ein Rennen prägen konnte, dass ich nicht nur für Sekunden, sondern für schmerzhafte Stunden in den Fokus rücken wollte. Es war Zeit, dem Sprinter André Greipel noch eine weitere Facette zu verleihen: der Sprinter, der seinem Team die Mühen vergütet.

***

Dass ich ein Rennen prägen kann, habe ich im Frühjahr 2015 gezeigt. Mit meinem erhofften Erfolg bei Gent-Wevelgem wurde es nichts, im Gegenteil, heute steht da ein »DNF« in meiner Statistik, also »did not finish«. Was sich in den Ergebnisspalten im Internet unspektakulär liest, war in der Realität eine unfassbare Veranstaltung, deren Ausgang mich noch heute in eine Mischung aus

Schmunzeln und Ärger versetzt. Auch für Hartgesottene waren die Bedingungen an jenem Tag kaum zu akzeptieren. Die Bevölkerung in den flachen Lagen Westflanderns war dazu aufgerufen, wegen des stürmischen Winds lieber zu Hause zu bleiben – wir aber sollten rauf aufs Fahrrad. Der Wind fegte derartig stramm über die Felder, dass er einige regelrecht von der Straße pustete. Ich selbst versuchte mit aller Kraft, ganz vorne in der Spitzengruppe einen Platz zu ergattern, der mir zumindest etwas Kraftersparnis ermöglicht hätte. Schaut man sich die Bilder heute an, ist das schon erstaunlich: Mitten im Rennen sind die Gesichter verkrampft, geht es um jede Position, fällt sekündlich alles auseinander. Den eher zierlicher gebauten Mark Cavendish brachte der Sturm zu Fall, und da war er nicht der Einzige. Immerhin schafften es zwei Fahrer aus unserem Team, Jurgen Roelandts und Jens Debusschere, unter die ersten Zehn zu fahren. Jurgen hatte an diesem Tag mit einem Solo gegen den Wind die Herzen der belgischen Fans erobert.

Ich selbst habe es an diesem Tag, trotz aller Widrigkeiten, ins Ziel geschafft. Gewertet wurde mein Ergebnis allerdings nicht. Ich erinnere mich daran, dass ich bis zur letzten Passage über den Kemmelberg, einen zähen Anstieg, in einer Gruppe von etwa 30 Mann war. Am Anstieg wurde ich abgehängt. Danach bin ich dann mehr oder weniger allein im Wind gefahren, bis ins etwa 15 Kilometer entfernte Ypern; inzwischen waren wir wieder eine kleine Gruppe, vielleicht fünf oder sechs Fahrer. Im Ort muss der Besenwagen, der die Fahrer hinterm Zeitlimit einkassiert, einen anderen Weg gefahren sein, denn plötzlich tauchte er hinter der Stadt wieder vor uns auf. So fanden wir uns plötzlich außerhalb des Rennens im normalen Straßenverkehr wieder. Im Zielort sind wir in der kleinen Gruppe – den Besenwagen vor uns, den Verkehr um uns – über den Zielstrich gefahren, aber gewertet wurden wir nicht. Das ärgert mich: Es war ein epischer Tag, an dem ich dabei war, aber in den Statistiken findet sich das nicht wieder.

Aber auch ich schaffte es, die Fans in Belgien mit einem Klassiker-Auftritt zu begeistern. Und das sogar am heiligen Tag der Flamen, bei der Flandern-Rundfahrt. Am Ostersonntag schien die Sonne, es war Traumwetter für die Flandern-Rundfahrt, und ich hatte Lust, Akzente zu setzen. Das habe ich getan und dabei auch für meinen Kapitän Jurgen Roelandts das Tempo hochzuhalten versucht.

***

Über den Stellenwert der Flandern-Rundfahrt für die Fans in der Heimat meines Rennstalls Lotto-Soudal gibt es keine Diskussionen: Die *Ronde van Vlaanderen* oder kurz »Ronde«, wie sie auf Niederländisch heißt, ist das wichtigste Radrennen und eigentlich auch das prominenteste Sport-, vielleicht sogar Kulturereignis, das es im nördlichen Landesteil Belgiens jedes Jahr gibt – nicht umsonst wird sie die »Hochmesse des Radsports« genannt. Alljährlich beginnt Ende Februar, Anfang März mit dem *Omloop Het Nieuwsblad* in Gent eine Periode, deren Spannungsbogen gewaltig, deren Rivalitäten seitenfüllend und deren Begeisterung gigantisch sind. Als Fahrer in einem belgischen Team konnte ich diesem Sog nicht entkommen, auch wenn ich niemand bin, der sich in die Öffentlichkeit drängt. In den Wochen zwischen dem Auftakt der belgischen Straßensaison und der Ronde wächst die Aufmerksamkeit, die Spannung mit jedem Tag. Schon als junger Fahrer hatte ich ja erlebt, wie groß die Anteilnahme der Bevölkerung in Belgien ist. Dem kann sich ein Profi nicht entziehen.

Es ist erstaunlich, wie tief verankert die Unterschiede zwischen den Klassikern noch immer ausfallen, wie unterschiedlich tatsächlich die Typen sind, die in Flandern, in San Remo oder in Lüttich im Normalfall das Rennen prägen. Für mich gab es aber bei all diesen Klassikern vermeintlich keine Nische. Ich stand nie im Ruf, ein Klassikerfahrer zu sein. Aber der Reiz dieser großen Ereignisse haben auch mich niemals kalt gelassen, im Gegenteil.

Die Flandern-Rundfahrt existiert seit 1913. Obwohl sie in ihrem Streckenverlauf oft angepasst wurde, ist sie in ihrem Wesen doch erhalten geblieben, was sie immer war: das Rennen, bei dem sich die wahren Flandriens zeigen. Flandriens müssen nicht zwingend aus Flandern kommen, sondern es geht darum, welche Art Rennfahrer man ist. Schafft man es, mit dem eigenen, robusten Körper dem Wind zu trotzen, immer wieder in den »roten Bereich« zu gehen, steile und rutschige Hügel hochzurattern, auch über Kopfsteinpflaster, und dabei immer wieder Attacken zu lancieren? Wenn die Organisatoren den Streckenverlauf anpassen, führt das zu gewaltigen Diskussionen in der flämischen Öffentlichkeit. So war das etwa, als man die berüchtigte Muur van Geraardsbergen, einen steilen, gepflasterten Aufstieg, aus dem Programm der Ronde strich, um das Finale der Flandern-Rundfahrt zu reformieren.

***

Der Ostersonntag 2015 war ein schöner Tag für mich, auch wenn ich am Ende auf Platz 15 ins Ziel kam, knapp zweieinhalb Minuten hinter dem Sieger Alexander Kristoff. Was der für ein phänomenales Frühjahr hatte, und das für einen, der wie ich aus dem Sprint-Metier kam! Ihm gelang am letzten Berg die Attacke, gemeinsam mit dem Niederländer Niki Terpstra setzte er sich ab und hatte dann am Zielstrich die schnelleren Beine. Das war ein Level, das ich mit meiner Anatomie in einem solchen Rennen niemals erreichen würde. Da hatte ich Hochachtung und Demut, als ich Kristoff fahren sah.

So weit reichte meine Kraft einfach nicht, einen solchen Angriff werde ich nie fahren können. Aber doch reichte es bei mir sehr wohl für einen Auftritt, auf den ich bis heute stolz bin. Ich attackierte mehrfach, gleich zweimal an den gepflasterten Anstiegen, den sogenannten Hellingen. Der Klang dieser Namen, Oude Kwaremont und Koppenberg, und das Gefühl, an diesem Tag allein vor dem Feld in den Angriff gegangen zu sein, bleiben große Erinnerungen. Klar: Das Feld stellte mich schnell. Aber ich bekam viel Respekt vom Team, von den belgischen Fans und von anderen Fahrern ausgesprochen. Nicht zuletzt war es mir gelungen, das Tempo so sehr zu forcieren, dass beispielsweise Bradley Wiggins, der Toursieger von 2012, nicht mehr folgen konnte. Ich wollte ja auch etwas zurückgeben und ich denke, das habe ich getan. Ich versuchte dann noch, die Fahrer um uns herum zu motivieren, damit sie der enteilten Spitzengruppe nachsetzten. Luke Rowe vom Team Sky gab ich sogar meine Flasche, um ihn extra zu motivieren. Alles, damit mein Kapitän an jenem Tag, Jurgen Roelandts, seine Chance bekam. Leider hat es nicht gereicht, aber immerhin hatten wir mit Jurgen und dem überraschend starken Tiesj Benoot gleich zwei Fahrer unter den ersten zehn.

***

Am 5. Juli um kurz nach fünf am Nachmittag waren dann wieder alle Augen im Team auf mich gerichtet. Dann setzte Sibi diese Finte, über die ich immer noch schmunzeln muss. Es ist genial: Im Niemandsland der Nordsee, auf schnurgeradem und flachem Asphalt, gehen wir in den Power-Wettbewerb mit Mark Cavendish und seinem Helfer, Mark Renshaw. Ich hatte von Sibi keine klassische Sprint-Vorbereitung angefordert, ich wollte nur ans Hinterrad von Cavendish.

Bis dahin war alles gelaufen, wie wir es uns für diesen Tag vorgenommen hatten. Bei der Tour de France gibt es keine entspannten Renntage, und Tony Gallopin, Sibi und ich hatten bei diesem nervösen Gezucke unsere eigenen Akzente gesetzt. Von Utrecht ging es westwärts auf die Küste zu und in Richtung Seeland, der zweite Tag der Tour nach dem klassischen Prolog mit einem kurzen Zeitfahren zum Auftakt. Eine Etappe, bei der alle mit einem Zielsprint rechnen konnten. Nicht aber damit, wie hart wir daran arbeiteten, das Feld zu zerreißen, um unsere Chancen auf den Triumph zu erhöhen. Hinterher habe ich oft gehört, dass angeblich Etixx-Quick-Step, Cavendishs damaliger Arbeitgeber und die Übermacht im belgischen Profi-Radsport, das Tempo derart forciert hätte. Ich saß allerdings selbst im Sattel und ich weiß genau, wie es war: Tony, Sibi und ich haben richtig Druck gemacht und hatten das nötige Glück, dass einige tempostarke Jungs ebenso wie einige Kandidaten für die Gesamtwertung mitgezogen haben. Auch Cav war dabei, aber das Ausscheidungsfahren haben wir initiiert.

Details zählen. Zuvor hatten wir akribisch auf diesen Tag hingearbeitet. In den Tagen vor der Tour war ich mit meinen Kollegen auf der Damm-Straße nach Neeltje Jans unterwegs. Wir schauten uns die Straßenverhältnisse an, fühlten den hier immer starken Wind, aber besonders die Kreisverkehre nahmen wir unter die Lupe. Weil wir das auf unseren Rennrädern mitten im Urlaubsverkehr an der niederländischen Küste machten, zur beliebtesten Sommer-Reisezeit, gab es viel Stunk mit Autofahrern und auch der Polizei. Denn im Radfahrerland Niederlande toleriert man keine Radler auf der Straße, die gehören auf die sehr gut ausgebauten Radwege. Allerdings waren die zu weit vom Streckenverlauf der Tour entfernt und wir wollten wissen, auf welche Art Straße wir uns einlassen würden.

Dass es dann perfekt lief, war natürlich auch Glück für mich. Es regnete, es war sehr windig, für viele aus dem Feld war das ein zu ungemütlicher Start in die Tour. Wir zogen allerdings durch, nahmen an keinem Kreisverkehr Tempo raus, sondern gingen volles Risiko. So gelang es uns, mit unserer etwa 20 Mann starken Kopfgruppe etwa anderthalb Minuten Vorsprung herauszufahren.

Jetzt musste nur noch der letzte Teil meines Plans aufgehen. Unser Einsatz hatte allerdings auch seinen Preis: Thomas De Gendt und Adam Hansen stürzten in einem Kreisverkehr, Adam riss sich dabei zwei Bänder in der Schulter, Thomas hatte Rippenbrüche. Das erfuhren sie natürlich erst später und ich hatte im Finale keinen Kopf dafür.

Ich sagte Sibi: »Bring mich nur an Cavs Hinterrad!«, und genau das tat er. Mark Renshaw war derweil allein mit dem Leadout für seinen Sprint-Kapitän beschäftigt. Etwa 250 Meter vor dem Ziel dann Sibis Finte: Er baute sich rechts neben Renshaw auf, der denken musste, dass Sieberg für mich den Anfahrer gibt, sodass ich freie Bahn an Cavs Hinterrad hatte. Eine Traum-Position, wobei man sagen muss, dass Mark so viel kleiner und aerodynamischer ist, dass es sofort schmerzhaft wird, wenn man quasi dahinter im Wind fährt. Ich bin mir ziemlich sicher, dass Cav im Maximalbereich 400, vielleicht sogar 500 Watt weniger tritt als ich. So brauche ich ungefähr 2000 Watt, um mit meinem Körperbau eine Chance auf den erfolgreichen Sprint zu haben, doch an diesem Tag gelang es mir. Ich düpierte Mark: Ich zog auf der schnurgeraden Zielankunft rechts an ihm vorbei, daneben explodierte noch Peter Sagan auf den zweiten Platz.

***

Einen Etappensieg gleich zu Beginn der Tour de France kann man kaum überschätzen. Er ist psychologisch ungemein wichtig. Dieser Sieg ist eine Weichenstellung. Das gilt vor allem dann, wenn das Team am selben Abend noch ins Heimatland reist. Denn am nächsten Tag stand eine Etappe in Belgien auf dem Programm. Wir hatten einen längeren Transfer vor uns, von der niederländischen Küste nach Antwerpen, wo wir übernachteten. Die Stimmung war gelöst, und die belgischen Fans feierten uns, als wir in Antwerpen einrollten und als wir am nächsten Morgen zum Start kamen. Antwerpen ist eine Metropole der Radsportbegeisterung, dic Euphorie reißt einen besonders mit und ich gab, vom Zielstrich weg, ein Interview nach dem anderen. Das Adrenalin, die Endorphine erleichterten mir die Aufgabe. Abends war ich beim flämischen Fernsehen zu Gast, danach saßen wir in der Mannschaft zusammen. Ich wusste, dass ich am folgenden Tag, auf dem Weg zur Mauer von Huy, sowieso nichts zu melden hatte. Also habe ich es mit Betreuerstab und anderen Fahrern nicht bei einem Bier bewenden lassen. Wir feierten bis in die Nacht.

***

Ich bin relativ gut darin geworden, Geschichten auszublenden, die Medien über mich bringen. Wenn Journalisten meine Form, die vermeintlichen Misserfolge oder Erfolge, einordnen, dem allen einen Sinn und einen Zusammenhang geben, ist das ihr Job. Ganz oft im Laufe der Jahre hatte es aber nur wenig zu tun mit dem, was ich als Realität wahrgenommen habe. Aus meiner Perspektive können Rennen oder ganze Jahre viel positiver wirken, als es die Berichterstattung nach außen vermittelt.

Das Mediengeschäft ist schnelllebig. Das Sprinterleben ist unerbittlich. Aber immer liegt harte, geduldige Arbeit zugrunde. Würde ich mein Selbstwertgefühl an das koppeln, was über mich geschrieben wird, hätte ich ein Problem, selbst dann, wenn alles bestens läuft: 2015 explodierte die Aufmerksamkeit der Medien in Deutschland, nicht zuletzt weil das Erste wieder in die TV-Übertragungen der Tour de France eingestiegen war. Ich allerdings versuchte, mir selbst treu zu bleiben. Ich wusste, dass ich im Vorjahr nicht schlecht gewesen war, in diesem Jahr vielleicht gar nicht so viel besser als die anderen, als Mark oder John Degenkolb (Kittel war dieses Jahr nicht dabei). Aber wir hatten, als Team, alles getan, damit der Erfolg sich einstellte.

***

Meinem Kindheitsidol Olaf Ludwig, der mein Leben so sehr beeinflusst hatte, kam ich nach zehn Jahren als Profisportler dann noch einmal auf besondere Weise nahe. Denn mit meinem Sprintsieg in den Niederlanden hatte ich nicht nur den Druck vom Team genommen, sondern auch das Grüne Trikot erobert. Zu Zeiten, als Olaf Ludwig aktiv war oder später auch Erik Zabel, da hatten Leute wie ich ganz sicher bessere Karten, um das Trikot bis nach Paris zu bewahren. Doch 2011 hatte die Tour-Organisation die Bewertungskriterien verändert, seither werden auch bei den Zwischensprints ordentlich Punkte verteilt – und die gibt es eben auch auf schweren Bergetappen.

2015 musste ich mich entscheiden, wie lange ich um den Erhalt dieses Trikots zu kämpfen bereit war. Zunächst lief fast alles perfekt, obwohl unser geplanter Sprintzug dezimiert war. Adams Schulterverletzung plagte unsere Abläufe, Greg Henderson verletzte sich auf der dritten Etappe in einem Massensturz, in dem es auch Fabian Cancellara als Träger des Gelben Trikots erwischte. Greg zog sich Rippenbrüche zu, fiel bald darauf aus. Trotz des Ausfalls unseres angestammten Sprinterteams hatte ich auch den zweiten Massensprint gewonnen, in Amiens. In Fougères unterlag ich Cav. Doch dann standen die Pyrenäen auf dem Programm und ich musste mich entscheiden, welches Opfer ich bringen sollte.

Es war die 11. Etappe, ich fuhr in Grün, doch Peter Sagan ließ keine Gelegenheit aus, um Druck auf mich zu machen. An diesem Tag ging es mit dem Col d'Aspin, Col du Tourmalet und Côte de Cauterets für klassische Sprinter wie mich nur ums Überleben.

Allerdings stand, nach der ersten kleinen Bergwertung, auch ein Sprint auf der Marschtabelle. Also machte Sagan mit der gesamten Mannschaft Tinkoff-Saxo Druck, um mich abzuschütteln. Diese Etappe hat sich mir eingebrannt, wie Peter mit seiner überragenden Physis ein ums andere Mal angriff, dabei waren es gerade mal 55 Kilometer bis zu dieser Wertung. Würde er dort vor mir über den Strich rollen, wäre das Trikot am Abend weg. Also kämpfte ich, so hart wie ich konnte. An der Côte de Loucrup war ich zwar abgehängt, aber ich ackerte mich vor und sprintete an der Wertung vorbei an Sagan.

Der lächelte mich kurz darauf an und sagte: »Na, war's hart?« Ich sagte ihm, dass es natürlich schwierig gewesen sei, aber dass er sich das Leben ja auch selbst schwer mache. Da schaute er mich weiter an, grinsend, und meinte: »Glaub mir, das wird noch härter.« In diesem Moment hat er mich geknackt. Ich habe mich, noch auf dieser Etappe, entschieden, das Grüne Trikot nicht weiter zu verteidigen. Denn ich wusste, dass ich daran zerbrechen und nicht in der Lage sein würde, diesen Kampf bis Paris durchzuhalten. Zu Olaf Ludwigs Zeiten hätte ich vielleicht das grüne Leibchen bis zum letzten Zielstrich behalten dürfen. Doch bei aller Tradition: Die mediale Vermarktung des Sports, die auch zwischen Start und Ziel durch animiertes Renngeschehen gefördert wird, hat auch während meiner Karriere viele Veränderungen im Radsport gebracht.

***

Überhaupt war es schwierig genug, nach Paris zu kommen. Ein Sturz in der zweiten Woche machte mir Sorgen und bereitete mir enorme Knieschmerzen. Ehrlich gesagt war eine Woche vor dem Finale an den Champs-Élysées gar nicht mehr damit zu rechnen, dass ich es rein von der Physis bis dahin schaffen würde. Es war hart, es war Qual, es war hinterher umso schöner.

***

So sehr ich ein Meister des Timings bin, so sehr hätte ich in diesem Moment gerne einen Stuhl genommen und mich hingesetzt. Einfach nur sitzenbleiben und beobachten. Die Zeit anhalten. Mit meiner Familie auf die Menschenmassen schauen, die sich auf den Straßen drängen, so weit unser Auge reichte. Die jubeln, klatschen, feiern.

Ich habe mir Mühe gegeben, diesen Moment festzuhalten. Ein Foto habe ich in Acryl eingelassen, es hängt bei uns im Haus in Hürth, jeden Tag gehe ich daran vorbei und schaue mir den Triumph von Paris an, den Moment, in dem ich mit Anna und Luna auf dem Podium stehe, am Abend des 26. Juli 2015.

Meine Töchter und ich sprechen bis heute oft über diesen Moment. Wir sind alle keine Rampensäue, aber das war etwas Besonderes. Wir hätten es gern noch länger erlebt. Ich hätte gern etwas Zeit gehabt, um sacken zu lassen, was da alles auf mich einprasselte. Aber das Geschäft ist da unerbittlich: Nach einem Rennen ziehen die Organisatoren die Zeremonie knallhart durch, sie haben da ihre Abläufe, und man selbst muss hoffen, dass man genug Impressionen tanken kann. Denn solche Momente gibt es nicht so schnell wieder.

***

Mein Sieg auf der Schlussetappe der Tour 2015 war eine Genugtuung, war das Ergebnis einer enormen Überwindung. Mein Timing in diesem Jahr, mein Instinkt, die Gelegenheiten, das alles ergänzte sich. Es fühlte sich umso besser an, als in den Tagen zuvor so manches in Gefahr geraten war.

Bei der Tour de France 2015 war ich der deutsche Star. Mit vier Etappensiegen schrieb ich Geschichte. Das bleibt stehen, das findet man überall im Netz.

Was man aber nicht findet, ist der Kontext, die Geschichte hinter diesem Triumph. Das ist das Ritzel, das 2014 versagt hatte, diese bittere Erfahrung. Das ist der Zusammenbruch unseres perfekt vorbereiteten Sprintzugs mit den Ausfällen von Greg und Adam, zumindest während eines Großteils der Tour, mit Sibi, der über sich hinauswuchs, um mich zu ziehen. Bei Wikipedia und ProCyclingStats steht nichts darüber, wie hart der Weg durch die Berge war, wie sehr mich Peter Sagan mit seiner Ansage erwischt hatte. Und dann war ich auch noch gestürzt, hatte mir in der zweiten Tour-Woche das linke Knie aufgeschnitten, das war sehr schmerzhaft, bald darauf erwischte mich noch ein Hitzschlag.

Das war der Hintergrund, vor dem ich mich Paris näherte, mit Bandage am Knie und dem Traum davon, endlich auf den Champs-Élysées zu siegen. Zu meinem Kampf kam die Angst, die ganz Europa im Griff hatte, denn Terrorismus hatte die Öffentlichkeit in seinen Bann gezogen. Nach den Mordanschlägen auf die Satirezeitung Charlie Hebdo und einen jüdischen Supermarkt im Januar, nach der Absage des Radklassikers Eschborn-Frankfurt wegen einer Bombendrohung hatte die Tour schon die ganze Zeit unter erhöhten Sicherheitsvorkehrungen gestanden. Auch die letzte Etappe, die Triumphfahrt nach Paris, stand immer mehr infrage, je näher wir dem Ziel kamen.

Die Gerüchteküche brodelte in den Tagen vor dem finalen Sprint. Der Staat werde wegen drohender Anschläge das Rennen absagen. Überall stellte die Polizei Poller auf, die Zugänge zu vielen Stellen waren drastisch eingeschränkt. Die Unsicherheit, ob es die 21. Etappe geben würde, blieb bis zu diesem Sonntag. Unsere Teamfahrzeuge versammelten sich nicht im eigentlich vorgesehenen Start-Areal, sondern auf einem großen Fußballfeld, um die Sicherheit zu erhöhen. Es dauerte bis etwa anderthalb Stunden vor der anberaumten Zeit, bis wir wussten, dass das Rennen stattfinden würde.

Draußen regnete es in Strömen. Auf den Dächern sahen wir Scharfschützen. Wir saßen im Bus und schauten Fernsehen. Zum ersten Mal waren die weiblichen Radsportlerinnen vor uns im Einsatz, sie fuhren ihr heiß ersehntes Rennen durch Paris, doch wir sahen vor allem, wie sie auf den rutschigen Straßen in Schlittern kamen und stürzten. Das hat unsere Anspannung, unseren Respekt vor diesem Tag nochmal erhöht: Terrorgefahr, körperliche Gebrechen, die Müdigkeit von drei Wochen Sport auf brutalstem Niveau – und dann nochmal diese finale Prüfung. Man muss hart im Nehmen sein.

***

Es gibt einen Augenblick dieser Tour, der steht in meiner Erinnerung isoliert da. Alle, die da waren, haben das ebenfalls als einen Moment in Erinnerung, der sich eingebrannt hat. Wir hatten den Knall schon gehört, der nie kam.

Wenn ich an den Triumph kurz darauf zurückblicke, ist das wie eine separate Geschichte. Aber dieser eine Moment zeigt auch, wie eng alles beisammen liegt. Trotz aller Sicherheitskräfte, trotz Absperrungen, trotz der Scharfschützen auf den Dächern stand plötzlich eine Person mitten auf der Straße, als wir mit unserem Speed über den Place de la Concorde jagten. Dieser Mensch muss zwischen den Führungsfahrzeugen und den Motorrädern mit Kamera und Polizei auf die Fahrbahn gelaufen sein. Ich weiß nicht mehr, ob es ein Mann war oder eine Frau, ich sehe noch einen weißen Umhang, auf dem etwas geschrieben stand. Ich meine, es wäre ein Slogan gewesen wie »Allah ist groß«. Dieser Mensch stand mitten auf der Straße, einfach so. Ich war so auf Äußerste angespannt, erwartete eine Explosion – und fuhr um ihn herum, wie alle anderen, wie durch ein Wunder. Es gab keine Explosion, nur das Gefühl, dass hier irgendetwas nicht stimmen kann, wenn beim größten Radrennen der Welt, unter den besten Sicherheitsvorkehrungen, so etwas passiert.

***

Das Timing hat am Ende gestimmt. Das Kopfsteinpflaster war von Runde zu Runde mehr abgetrocknet. Greg Henderson, der wohl schon am Sekt genippt hatte, meldete sich verletzt über den Teamfunk und motivierte uns für den letzten Sprint. Das war ein bewegender Augenblick: Greg, der Mann, der mich sonst für den finalen Sprint anzieht. Ich hatte alles gecheckt. Ich war jetzt bereit. Ich wollte nur noch in Position kommen und alles geben. Ich war bereit für die letzte Kraftanstrengung.

Doch dann das: In der letzten Kurve war meine Position im Feld desaströs, ich lag an achter Stelle. Es gab keinen Wind, der irgendwas beeinflusst hätte. Ich hatte nur noch eine Wahl: Sofort alles geben, Vollgas von der Kurve aus und außen rum um all die anderen, die versuchten, hinter Alexander Kristoff den besten Windschatten zu sichern. Ich jagte Kristoff, knallte links an ihm vorbei, mit Brian Coquard, der noch einen Wheelie zum Abschluss hinlegte, mich aber nicht einholen konnte. Was für ein Triumph aus aussichtsloser Lage.

***

Diesen Moment sollte man festhalten können, aber so funktioniert weder das Leben noch das Geschäft. Ich sammelte Eindrücke, so gut ich konnte. Meine Frau und die Kinder hatten ein schönes Wochenende in Paris verbracht, mit unseren Freunden, Familie Sieberg und Familie Burghardt, jetzt rannten sie zu mir, während ich noch um Raouls Hals hing; angeleitet von unserer Teamsekretärin kamen meine drei Mädels zu mir, durch all das Getöse, es war ein wundervoller Augenblick.

Wir feierten mit der Familie, mit dem Team im Hotel und später sogar noch in einem Club. Dafür war ich eigentlich immer zu platt gewesen in Paris, aber diese eine Nacht machte ich mit, so gut es ging. Und danach war ich bereit für eine Pause. Für die gab es aber keine Zeit.

***

Die Strapazen der Tour hallten nach. Auch der Erfolg, der nicht leicht zu verarbeiten war. Ich verbrachte möglichst viel Zeit mit meiner Familie in meiner alten Heimat an der Ostsee. Dennoch war kaum Gelegenheit zum Durchschnaufen. Der Körper muss in Bewegung bleiben.

Und ein belgisches Team muss sich wieder zeigen. Bei der Eneco-Tour, einer Rundfahrt zwei Wochen nach der Tour de France, war ich wieder mit am Start. Die Teamleitung verlangte es, die Fans wünschten es. Und ich brauchte ja auch die Praxis, denn ein Ziel hatte ich noch. Endlich bei den Cyclassics gewinnen, dem World-Tour-Rennen in Hamburg.

So hielt ich meinen geschundenen Körper, meinen müden Geist in Bewegung. Eine Pause, das ist als Nicht-Profi vielleicht nicht vorstellbar, kann man sich in einem solchen Moment nicht erlauben. Das System braucht weiterhin Belastungsreize, um nicht total runterzufahren. Ich trat also weiter in die Pedale, hielt mich fit, so gut ich konnte. Und sprintete am 23. August auch auf der Mönckebergstraße in Hamburg nicht nur so gut wie ich konnte, sondern besser als Kristoff, Nizzolo und Démare. Was war das für ein Sommer!

Eine Höhe und viele Tiefen

Es ist Herbst. Auch wenn die Welt um mich herum anders aussieht, die Sonne vom Himmel knallt und die Hitze mich austrocknet. Aber laut Kalender ist Herbst und in mir fühlt es sich auch so an. Das Jahr ist weit fortgeschritten, seinen Lauf bekommt man nicht aus dem Kopf und nicht aus dem Körper. Es ist der 22. Oktober 2016. Mein glorreicher Sommer liegt ein gutes Jahr zurück, ein sehr schwieriges Jahr hinter mir. Ein Schatten begleitet mich durchs Leben, wird in den kommenden Jahren noch viel mehr an mir zehren. Ich bin an einem Ort, der in die Höhe und in die Breite schießt, der strahlt, glitzert und blinkt. Aber ich bin leer und müde. Es war ein kraftzehrendes Jahr.

DNS, »Did not start«, steht nun unerbittlich in meiner Vita und bezeugt, dass ich einfach nicht mehr wollte. Am 22. Oktober rolle ich nicht mehr an den Start in Madinat Zayed, Abu Dhabi, zu einem Rennen, das es erst seit dem vergangenen Jahr gibt und das die rasant fortschreitende Globalisierung im Radsport verkörpert. Es ist nicht die Art Rennen, für die ich brenne, es fehlen die Fans am Rand, die Tradition, die alte Schule des Radsports auf der Strecke, hinter den Kulissen und vor allem um uns herum. Die Leidenschaft zu dem, was wir tun, ist hier viel schwieriger zu befeuern. Wenn es einem gut geht, wenn man frisch ist, dann ist das okay. Schließlich sind wir Profis, unser Job lebt davon, dass Menschen ihm eine Bühne geben. Aber ich war reif für den Urlaub. Meine Familie und ich waren bereits auf dem Weg in unser Feriendomizil. Doch mein Team schickte mich ins Emirat, kurz vorher hatte ich bei der Weltmeisterschaft gleich in der Nähe, in Katar, teilgenommen und es geht um die

Wünsche des Veranstalters und auch um Startgelder. Ich mache das Procedere mit, obwohl ich einfach fertig bin mit dieser Saison. Sie hat mir zu sehr zugesetzt, um hier noch wirklich ein Rennen anzunehmen.

DNS. Es ist ein Akronym, das ich nur sehr ungern in meiner Vita stehen habe. Es ist oft bitterer als das DNF, das man beim Abbruch eines Rennens einkassiert. DNF, also »Did not finish«, das ist oft eine Frage von Verletzung oder Sturz. Das tut auch weh, aber das gehört eben dazu. Das DNS ist anders. Man hat eine Nacht, um Wunden zu lecken und frisch an den Start zu gehen. Manchmal ist es unvermeidlich, wenn man sich und seinen Körper schonen möchte, weil sich einfach keine Besserung nach einer Etappe einstellt. Manchmal ist es taktisch oder trainingstechnisch geboten, wie fast immer im Verlauf des Giro d'Italia, wo Sprinter wie ich später im Verlauf abreisen, weil wir im Hochgebirge sehr wenig zu melden haben und uns lieber systematisch auf die Tour de France vorbereiten. Aber hier, in Abu Dhabi, im Herbst 2016, ist DNS ein klares Zeichen einer Krise. Ich mag das DNS in meiner Statistik nicht. Aber es gibt gute Gründe, warum es dort steht.

***

Der Triumph ist schwer zu begreifen, Erfolg nicht festzuhalten. Darauf kann man sich nur schwierig einstellen. Irgendwann, das ist klar, wachsen die Sorgen, die Probleme, die Dinge, die man auch selbst nicht mehr unter Kontrolle hat. Nach dem überragenden Jahr 2015, in dem ich auch die Vattenfall Cyclassics in Hamburg vor einem Top-Feld auf der Mönckebergstraße gewonnen hatte, war eigentlich klar, dass es nicht einfacher werden würde. Von außen mag es oft wirken, als ob es erfolgreichen Sportlern irgendwann leichtfallen würde, die nächsten Siege einzufahren und starke Leistungen abzurufen. Aber einfach, das kann ich sagen, war es nie. Und 2016 war es sogar verdammt schwierig.

***

Einen Platz in der Elite der Sprinter behält man nur über Leistung. Auch in einem Jahr wie 2016, das quasi als Schatten hinter dem Sonnenjahr 2015 stehen würde, hatte ich früh bewiesen, dass ich einen Platz in dieser Gruppe verdiente. Meine Saisonvorbereitung war gut verlaufen. Das zeigte ich sehr früh, mit zwei Sprintsiegen bei den Tagesrennen Ende Januar auf Mallorca, wo um diese Jahreszeit viele Teams ihr Trainingslager aufschlagen.

***

Doch es gibt so etwas wie Hypotheken, die man in einer Karriere oder einer Saison mit sich herumschleppt. Schwere Stürze prägen sich fast immer in einem ein, sie hinterlassen etwas in einem Sportler, insbesondere, wenn eine längere Phase der Rekonvaleszenz und des Aufbautrainings folgt. Ich hatte 2016 sehr früh ein solch prägendes Erlebnis, das mich sowohl körperlich als auch mental belastete. Bei der Algarve-Rundfahrt, wo ich in den vergangenen Jahren ja stets Rennpraxis und Trainingseffekt, aber auch zählbare Erfolge mitgenommen hatte, lief es diesmal anders. Ich blieb gleich zum Auftakt hinter meinem deutschen Rivalen Marcel Kittel. Und ich musste vor der 5. Etappe ein DNS eintragen lassen. Es gab keine andere Wahl. Ich war am Vortag gestürzt, schleppte mich noch ins Ziel, wo Kittel längst wieder die Arme in die Höhe gerissen hatte. Die Schmerzen waren zu groß, um am Tag danach wieder anzutreten. Das probierte ich dann bei Paris-Nizza, einer der renommierteren Etappenrennen im Frühjahr. Ich fuhr mit schmerzendem Brustkorb, ich sprintete auf der 3. Etappe auf Platz drei, aber ich spürte immer wieder diesen Schmerz im Rippenbogen. Also untersuchten wir mich nochmal – und die Ärzte fanden beim genaueren Hinsehen drei Frakturen in meinen Rippen. Es folgte eine Trainingspause. Ich hatte mich in diesem Jahr eigentlich besonders auf das erste der Monumente des Radsports vorbereiten wollen, Mailand-Sanremo. Es ist ein Rennen, dem kräftige Sprintertypen immer wieder ihren Stempel aufdrücken und auch für sich entscheiden können, die lange Distanz von fast 300 Kilometern und die Anstiege Cipressa und Poggio vor dem Ziel sowie der mythische Sprint über die Via Roma nahe der ligurischen Mittelmeerküste machen die »Classicissima« zu einem Rennen mit ganz eigenem Charakter. Mark Cavendish hatte hier vor ein paar Jahren gewonnen, Alexander Kristoff 2014 und John Degenkolb im Jahr zuvor. Warum sollte nicht auch ich hier etwas reißen? Aber so kam es eben nicht: Ich setzte aus, mit gebrochenen Rippen, und musste damit einen neuen Anlauf wagen.

***

Und der neue Anlauf sollte mir gelingen. Nach der Rekonvaleszenz zeigte ich meine Form beim Giro d'Italia, bei dem ich vor bald acht Jahren aus dem Schatten von Mark gesprintet war. Auch Marcel Kittel, mit dem mich die Öffentlichkeit jetzt seit einigen Jahren unvermeidbar verglich, war mit seinem Team Etixx-Quick-Step am Start. Marcel holte sich am zweiten Tag seinen ersten Sieg, da lief es bei mir noch nicht rund. Einen Tag später wiederholte Marcel seinen Erfolg – ich kam immerhin auf Rang vier. Und dann wandelte sich das Bild: Auf den wenigen Etappen, die für sprintstarke Fahrer noch übrigblieben, machte ich ernst. Ich konnte die Verletzung verdrängen und voll reinhalten, obwohl ich zum Teil am Ende keine Mannschaft mehr im Finale hatte, der Sprintzug war deutlich geschrumpft. So siegte ich in Benevento, Foligno und Bibione – dort übrigens vor einem jungen Mann, der mich später bei meinem belgischen Team beerben sollte: Caleb Ewan, damals noch 21 Jahre jung.

Der Giro war ein Wendepunkt. Ich reiste mit einem taktischen DNS ab, zwölf Etappen hatte ich bestritten, drei davon gewonnen. Jetzt würde ich mich in Ruhe auf Frankreich vorbereiten und zeigen, dass André Greipel wie im Vorjahr das Maß der Dinge war.

***

Zur Tour de France fuhr ich als Deutscher Meister. Das war eine Tatsache, die besonderes Gewicht hatte in diesem Jahr. Denn ich hatte gegen Marcel Kittel bei diesem letzten Rennen vor der Frankreich-Rundfahrt einen harten Sprint gewonnen. Das Rennen war wie für Kittel gemacht. Der Kurs lag in der Nähe seiner Geburts- und Heimatstadt, das Publikum und der Rennverlauf sprachen Marcel Kittels Sprache. Es war ein Verlauf wie aus dem Bilderbuch für ihn. Nicht nur die Heimatstadt wollte ihren Local Hero feiern, sondern auch im Rennen erweckte es den Anschein, dass sich hier fast ein ganzes Peloton für Kittel ins Zeug legte. So hatte ich ein schwieriges Rennen und viel Widerstand auch von Fahrern, die eigentlich keinem von uns beiden zuzuordnen waren. Aber es gelang mir, den Sieg einzufahren. Das war eine Genugtuung. Denn solche Triumphe aus einer Underdog-Rolle, die mag ich eigentlich besonders gerne. Da kann ich zeigen, was mit Leistung möglich ist.

***

Am Utah Beach, wo die Alliierten einst landeten und den Weg zur Niederschlagung des Nazireichs ebneten, erlebte ich mit meinen Verbündeten am 2. Juli allerdings einen harten Dämpfer. Der geschichtsträchtige Ort war von den Organisatoren als Ziel der Auftaktetappe zur Tour auserkoren worden, ich trug das Meistertrikot und hatte damit vor der historischen Kulisse natürlich besondere Verantwortung inne. Später beteiligte ich mich an einer Gedenkfeier für die Befreier Europas, doch vorher musste ich ordentlich schlucken. Wie so oft war der Start in die Tour chaotisch. Ich kannte das zwar längst, aber auch die Routine hilft nicht immer. Topfavorit Alberto Contador machte an diesem Tag einen dummen Fehler und stürzte an einer Verkehrsinsel. Sein Traum platzte und auch mein Traum vom Gelben Trikot für den Gesamtführenden kollabierte, wie schon drei Jahre zuvor auf Korsika. Es gab viele Stürze an diesem Tag und eine Zielanfahrt, in der vieles durcheinanderlief. Eigentlich waren wir als Sprintzug von Sibi wieder top positioniert worden, doch dann knallte es hinter uns und ein Chaos durchzog auch die letzten Meter. Greg Henderson, der direkt vor mir fuhr, sieht sich getäuscht, denn im entscheidenden Augenblick wähnt er mich direkt in seinem Windschatten. Stattdessen hat sich Peter Sagan, der mit allen Wassern gewaschene Weltmeister, irgendwie allein dorthin manövriert – und er eröffnet als Erster die finale Attacke. So geraten wir kurz aus dem Tritt, ich versuche noch, links am Geschehen vorbeizukommen. Doch vorne sprintet Marcel Kittel mit voller Kraft und verzweifelt hinter Sagan her, der wiederum im Windschatten Mark mit sich genommen hat. Cav macht das perfekt, zieht im richtigen Moment raus und düpiert uns alle. Ein bitterer Rückschlag. Die Chance, für einen Tag das Maillot Jaune zu tragen, ist dahin.

***

Die Tour in diesem Jahr entwickelte sich zum Gegenentwurf dessen, was 2015 alles geklappt hatte. Ich kann bis heute nicht so recht erklären, warum wir als Team so viel schlechter drauf waren und warum ich so sehr meinem Anspruch hinterherfuhr. Doch der Sprintzug, der uns im Jahr davor noch so stark gemacht hatte, brachte mich nicht in die gewünschte Position. Wir verkrampften, ich glaube, wir haben dann immer mehr auf die Brechstange gesetzt. Der frühe Sieg blieb aus, der mittlere auch. Es wurde immer schwieriger für uns. Auf der dritten Etappe gab es das erhoffte Duell, in Angers ging es zwischen Mark und mir nur noch um Zentimeter, doch er behielt die Oberhand. Bei ihm lief es, bei mir nicht. Er streifte sich das Grüne Trikot über, ich war grün vor Frust. Auf der vierten Etappe dann stürzte unser gesamter Sprintzug. Diesmal eilte Kittel davon und feierte seinen ersten Sieg in Frankreich bei dieser Tour.

Als Team gerieten wir in eine Frustrationsspirale. Eine Tour-Etappe gewinnen, das war unser klares Ziel für mich, für die Sprinterfraktion. Immerhin gelang es unserem Kollegen Thomas De Gendt, in der Provence am Mont Ventoux eine der spektakulärsten Bergetappen zu gewinnen. Aber es war natürlich immer so, dass die Bergfahrer quasi für sich selbst arbeiteten in unserem Team, wir sahen uns morgens im Bus und abends beim Essen. Dazwischen erlebten wir verschiedene Rennen. Und so gab es den Sprintzug mit Adam, Jurgen, Greg, Sibi und mir, immer tiefer in die Krise rutschend, während Cav vier Etappen für sich entschied. Der alte Widersacher war wieder in Topform und ich, über den er vor ein paar Jahren gespottet hatte, erfüllte scheinbar wieder meine Rolle. Cav hatte mir einmal in einem Interview prophezeit, dass ich nie ein großes Rennen gewinnen würde. Es war die Zeit, als ich im B-Team unterwegs war, jenem B-Team, das dann zu einem guten Teil mit mir in die Weltklasse gefahren war. Ich habe seit meinem Giro-Etappensieg 2008 bei keiner der großen Landesrundfahrten mehr den Heimweg ohne eigenen Erfolg antreten müssen. Es ist eine beachtliche Serie, die in Italien, Frankreich und Spanien gehalten hat.

***

Am Abend des 24. Juli 2016 steht sie auf dem Spiel und der Mann, der mir damals – nach eigener Aussage – meinen ersten Sieg beim Giro geschenkt hatte, dieser Mann hängt jetzt in meinem Windschatten.

Es sind die letzten paar Meter von 3529 Kilometern, die wir zurückgelegt haben. Auch dieser Tag war wieder chaotisch. Und jetzt haben wir die Zielgerade erreicht. Das Volk jubelt uns zu. Paris im Sonnenuntergang, es gibt kaum etwas schöneres. Mein Team hat sich aufgerieben, meine letzten Helfer sind auf der Zielgeraden aber nicht mehr dabei. Ich setze mich ans Hinterrad von Aleksander Kristoff, der mit voller Wucht in Richtung Ziel gezogen wird. Eine gute Position, aus der ich rechtzeitig ausschere. Ich setze mich ab und haue alles rein, was ich in meinem Körper habe. Ich muss mit niemandem mehr rangeln, ich muss nicht mehr improvisieren. Vor mir kann nichts mehr schiefgehen, ich muss nur noch treten. Doch hinter mir ist das Grüne Trikot. Wie ein Schatten klebt Mark an mir, der Träger des Führenden in der Sprintwertung, der Mann, der mir während dieser Tour und meiner Karriere schwer zu schaffen gemacht hat. Ich beiße die Zähne zusammen. Ich sehe nur noch den Zielstrich vor mir und, beim Blick nach unten, dass Mark an mir klebt. Er löst sich, er springt in den Wind, er versucht rechts an mir vorbeizukommen. Wir prügeln unsere Räder, die Rahmen am Limit, das Material flext über die rappelnde Straße, wir kämpfen bis zum letzten Millimeter. Aber ich behalte den Vorsprung bis ins Ziel. Es platzt etwas aus mir heraus. Ich balle die Faust, der ganze Frust entlädt sich, ich jubele und schreie, wie man es tut, wenn man es sich selbst und der ganzen Welt bewiesen hat. Es ist ein schöner Triumph in einem fordernden Jahr.

Unser Projekt, das wir nun seit fünf Jahren betrieben hatten, der Sprintzug für mich, er hatte sich bewährt. Nach hartem Kampf, aber immerhin. Ich hatte auch gegen Marcel Kittel gewonnen, im Trikot des Deutschen Meisters. Es war eine Genugtuung.

***

Absurd, vollständig absurd. Es ist die Schlussphase bei der Weltmeisterschaft. Wir sind in Doha, Katar. Es ist der Ort, an dem ich mein erstes Profirennen gefahren bin. Aber statt Aufbruchstimmung sitzt tiefer Frust in mir. Schon während des Rennens habe ich verloren. Ich weiß es. Es ist brütend heiß, der Wind weht wie erwartet über der Wüste, die hier fast vollständig flach vor uns liegt. Der Petro-Dollar-Staat hat die Kulisse geschaffen, es ist die große Chance meines Lebens auf das Regenbogentrikot. Der Kurs und die Zielanfahrt sind wie gemacht für mich. Meine Form und meine Erfahrungen sprechen für mich. Aber ich lande in einer absurden Situation. Wir fahren auf die letzte Runde dieses fast 260 Kilometer langen, brutalen Kampfs in einer widerspenstigen Natur. Und ich weiß immer noch nicht, ob meine Mannschaft hinter mir steht.

***

Ich habe die Zeit nach der Tour voll in dieses Projekt gesteckt. Noch viel mehr als in Kopenhagen hatte ich an meine Chance geglaubt, dass es in Katar für mich zum Titel reichen könnte. Ich hatte wieder ein Trainingslager aufgezogen, ein Rennprogramm mit Blick auf die WM aufgesetzt. Mein Team gab mir freie Hand. Alle bei Lotto-Soudal begriffen sofort, dass meine Chance gekommen war. Ich hatte den Parcours seit Längerem studiert und auch informelle Absprachen getroffen. John »Dege« Degenkolb, für den ich mich im Jahr davor bei der WM in den Vereinigten Staaten aufgeopfert hatte, hatte mir im Vorfeld seine Hilfe zugesichert.

Ich sah mich, nach den Leistungen meiner Karriere, meinen letzten Eindrücken, dem Sprintsieg in Paris zum Finale der Tour berechtigt, in Katar als Kapitän für Deutschland zu fahren. Außerdem war ich in dieser Art Rennen erprobt, das Fahren an der Windkante hatte ich drauf. Wenn auf freier Flur der Wind bläst, kann es das Peloton schnell zerreißen. Man muss ein ganzes Rennen lang enorm auf der Hut sein, sich positionieren, mit den Kollegen um die richtige Gruppe im Feld kämpfen. In Belgien hatte ich das ganz sicher gut gelernt, das Fahren auf der Windkante beherrschte ich.

Doch wieder versagte der Verband, während ich in Topform in den Flieger stieg. Diesmal war es so absurd, dass man darüber verzweifeln musste. Die Mannschaft, die der BDR nach Katar schickte, war nicht auf *einen* Sprinter ausgerichtet, sondern hatte mit Dege, Marcel und mir drei potenzielle Kandidaten für den Sieg im Team. Dazu kamen Tony Martin als tempoharter Fahrer, Joscha Sütterlin und Nils Politt, der damals auch erst 20 Jahre alt war. Wieder hatten wir weniger Fahrer als die anderen Wettbewerber und wieder war es eine zusammengewürfelte Truppe ohne ordentlichen Matchplan.

Was sich in diesen Wochen abspielte, ist für mich der Tiefpunkt meiner Karriere. Ich war der Deutsche Meister, aber mein Verband traf keine Entscheidungen für mich. Die Kapitänsrolle, die alles entscheidende Frage, wer für wen agiert, stand offen. Udo Sprenger, der zuständige Vizepräsident beim BDR, hielt uns hin. Es gab auch ein vermeintlich klärendes Gespräch mit Sprenger und Marcel Kittel bei den Cyclassics in Hamburg, wo ich um eine klare Entscheidung gebeten habe, sich beim BDR auf einen Plan A festzulegen – und nicht auf mehrere Kapitäne. Ich signalisierte auch, dass ich mit einer Entscheidung gegen mich leben könnte, in der Hoffnung, dass andere Fahrer auch so darüber dachten. Ein paar Wochen aber vor der WM schwadronierte Sprenger immer noch etwas von einem Luxusproblem, weil der Verband drei so starke Fahrer im Team hatte. Er wollte ein Gremium bilden, um die Sache zu klären. Man muss sich das einmal vorstellen: Sportler, die sich gezielt auf einen Wettkampf vorbereiten sollen, wissen nicht, in welcher Rolle sie diesen bestreiten werden. Sprengers Worte und seine mangelnde Entscheidungsfreude spiegeln all das, was ich mit dem BDR im Laufe der Jahre erlebt habe. Als Sportlichen Leiter wollte Sprenger uns Jan Schaffrath zur Seite stellen, den ich ja auch von früher gut kannte. Aber Jan war inzwischen auch Marcel Kittels hauptamtlicher Sportlicher Leiter bei dessen Arbeitgeber Etixx-Quick Step. Es lag nahe, dass Jan in dieser Rolle nicht neutral entscheiden würde. Ich konnte das nicht hinnehmen, weil es für mich eine der wichtigsten Chancen meines Lebens ging. Ein Verband, der so unprofessionell aufgestellt ist, nimmt sich die Chancen, die ihm seine besten Fahrer bieten. Schließlich setzte ich Andreas Klier als Sportlichen Leiter durch, der ja immerhin als Fahrer und auch als Mann im Auto eine hervorragende Kenntnis von Rennen an der Windkante hat.

***

Andreas saß dann auch im Auto, aus dem im WM-Rennen die Kommandos kommen. Doch Andreas konnte auch im Rennen nicht sagen, was zu tun war. Denn niemand wusste, mit welchem Kapitän der BDR bei seinem wichtigsten Wettbewerb des Jahres agierte. Wir, also Dege, Marcel und ich, wussten es auch nicht. So wurden wir auf der Windkante abgehängt, vorne fuhren etwa 20 Mann, wir in einer ähnlich großen Gruppe, und die drei anderen Fahrer aus Deutschland waren längst weg vom Fenster. Und wir wussten immer noch nicht, was wir tun sollten, wer sich für wen ins Zeug spannen sollte. Auch auf den Zielrunden war das noch nicht geklärt. Und ich ahnte: Das war es für mich. Es gab keinen Sprintzug, keine Hierarchie, keine Entscheidung. Ich habe dann nochmal über Funk nachgefragt, für wen wir eigentlich fahren. Irgendwann kam dann das Kommando, dass Marcel und Dege für mich arbeiten sollten. Aber es war längst zu spät.

***

Es gab kein Team. Niemand hat sich beim BDR darum gekümmert. Im Laufe meiner Karriere habe ich oft erlebt, wie wichtig das Zusammenwachsen ist. Das war schon in der Jugend so, das war bei T-Mobile so und später im B-Team, es war erst recht so bei Lotto – wo es ja auch erstmal ein wenig dauerte. Aber der BDR war anderer Ansicht.

Ein bisschen Bonding, vielleicht nur ein Wochenende, hätte gereicht. Aber es passierte nichts. Niemand im Verband fühlte sich dafür zuständig, um den Wettkampf mit der passenden Mannschaft anzugehen. Es gab Absprachen. Meine private mit John, wonach ich dieses Jahr den Vortritt hatte. Das schien Dege vergessen zu haben, jedenfalls ignorierte er diesen Deal vollständig, obwohl wir ihn ein Jahr zuvor getroffen hatten. Dass Marcel nicht nachgeben wollte, kann ich nachvollziehen. Wir waren seit Jahren Rivalen, fischten im selben Gewässer. Aber diese Rivalität, die sonst rein sportlich verlief, wurde nun auch emotional. Der Verband, der dafür hätte sorgen sollen, dass wir füreinander arbeiten, tat nichts. Ein Verdrängungswettbewerb brach aus, wo ein schmiedendes Eisen vonnöten gewesen wäre. Wir beäugten uns nur noch untereinander, statt uns einer gemeinsamen Sache unterzuordnen.

Auch bei John kann ich es irgendwie noch verstehen, seine Form war stark in diesem Jahr. Aber irgendjemand von außen, einer von denen, die mit mir seit Monaten verhandelten, hätte entscheiden müssen. Und klar: Aus meiner Sicht, das war längst besprochen, würde ich bei dieser WM den Vortritt genießen. Udo Sprenger kannte meinen Ärger von Kopenhagen und der Verband hatte mir auch signalisiert, dass ich meine Chance bekommen würde. Aber wer weiß, wem er es noch alles signalisiert haben mag?

Ich hatte die Signale so verstanden, dass ich voll ins Risiko gegangen bin. Ich habe viel Zeit und Geld in diese Phase gesteckt. Ich habe viele tausend Kilometer extra abgespult, bin viele Rennen gefahren, die ich mir sonst gespart hätte. Auch ich bin oft lieber zu Hause bei der Familie. Aber das hier war der Traum, den ich mir verwirklichen wollte.

***

Absurd. Ohne Kapitän im Finale. Niemand entschied etwas. Das hat uns mental kaputtgemacht. All die Vorbereitung war umsonst gewesen. Es war mehr gewesen als eine Hoffnung, es hatte eine realistische Chance auf einen Titel bestanden.

Es gibt zu diesem Rennen, bei dem ich als einziger deutscher Fahrer das Ziel erreiche und den 42. Platz belege, noch eine Pointe. Ich habe persönlich nichts dem Zufall überlassen, ich bin eine Woche vor dem Wettbewerb in Doha gewesen, habe mit meiner Familie ein teures Hotel bezogen. Ich habe tagsüber Runden in der Wüste gedreht, um mich ideal zu akklimatisieren, und bin danach noch in die Sauna gegangen. Ich war perfekt vorbereitet und habe mich auch sportwissenschaftlich beraten lassen. Aber im Ziel jubelt Peter Sagan, das Genie, der zwei Tage vor der WM aus dem Flieger gehüpft ist und auch hier, in diesem Rennen, von der Arbeit der anderen Teams perfekt profitiert hat. Peter ist ein Ausnahmetalent, ich gönne ihm diesen Triumph. Aber ich glaube, in Doha hätte ich Chancen auf den Sieg gehabt, wenn der BDR eine andere Strategie gehabt hätte und das Team besser eingenordet worden wäre. Und wenn nicht ich, dann wenigstens ein anderer Fahrer für Deutschland.

***

DNF. Das steht bei fünf unserer sechs Teilnehmer. Am Ende bin ich der letzte Mohikaner, ein naiver Junge, der zu lange darauf gehofft hat, dass die anderen schon ihre Arbeit machen. Platz 42. Es ist ein Desaster. Ich kann mich nicht beruhigen. Man opfert sich auf, und dann passiert so etwas. Ich nehme ungern das Wort »Frust« in den Mund, denn mein Beruf ist mein großer Traum. Aber das hier ist Frust, das hier ist zum Abgewöhnen. Ich bin ein sehr sensibler Mensch. Ich habe gelernt, Widerstand, Unglaube und Misserfolg zu verdauen, bin keiner, der ständig verbal dagegenhält, wenn andere etwas kritisieren. Aber hier war es genug. Wenn ich so einen vor den Latz geknallt bekomme, dann muss ich Schluss machen.

Nach beim Überqueren des Zielstrichs in dieser Hitzeschlacht, wo all die anderen Teams wieder für ihre Leader malocht hatten, war mein Beschluss klar: Nie wieder werde ich das Trikot der Nationalmannschaft überziehen. Nie wieder werde ich eine Nominierung akzeptieren. Diesen Entschluss habe ich sofort mitgeteilt und es ist umso erstaunlicher und eine weitere Pointe in diesem Trauerspiel, dass der BDR diese Message nicht verstanden hat. Noch mehrere Male hat man versucht, mich zu Wettkämpfen mitzunehmen. Dabei hat man sogar ähnliche Zusammensetzungen bestimmt wie 2016, etwa mit Dege und Pascal Ackermann, einem Sprinter wie ich es bin. Ruft mich einfach nicht mehr an, habe ich gesagt, lasst es gut sein. Aus dem eigenen Versagen von Kopenhagen, Richmond und Katar hat der Verband nichts gelernt. Es gibt keinen professionellen Strategen für diese Art Rennen, es gibt keine Struktur und niemand will die Verantwortung tragen. So kann Profisport nicht funktionieren. Ich glaube, wir hatten in Deutschland selten eine bessere Auswahl an Radsportlern als 2016. Was für eine Verschwendung!

***

DNS. Das wäre für die WM in Katar die bessere Wahl gewesen. Dieses Rennen hing mir sehr lange nach, auch noch, als ich in Abu Dhabi meinen Pflichten nachkommen musste. Es ging nicht mehr. Nach einem brillanten 2015 war dieses Jahr eines der Höhen und Tiefen, aber die Ausschläge nach unten waren gravierender und musste ich erst einmal verdauen. Es war auch eine Zeit, als in meinem privaten Leben ein noch größerer Schatten erwuchs. Es war Herbst 2016 und Zeit für eine Pause.

Der Kampf meiner Eltern gegen die Krankheit

Es ist schwer, Trost zu finden, wenn das Leben auf die Zielgerade einbiegt. Es ist November 2017. Ich bin in Kritzmow, in dem Haus meiner Eltern, wo meine Mutter mich damals zu trösten versucht hat, den kleinen Jungen, der immer gewinnen wollte. Man kann aber nicht immer gewinnen. Jetzt war die Zeit gekommen, für meine Mutter zu sorgen, für sie da zu sein, so gut ich konnte, doch diese Zeit war viel zu schnell vorbei. Jetzt ist meine Mutter angekommen, am Ende einer strapaziösen, schmerzhaften, aber doch immer würdevollen Reise, am Ende eines viel zu kurzen Lebens. Meine Mutter, mein größter Fan, der Mensch, dem ich unendlich viel zu verdanken habe, lebt nicht mehr.

***

Es war ein strapaziöser Weg für sie und in Gedanken war ich immer bei meiner Mutter in diesen Jahren. Etwa ein halbes Jahr vorher, am 6. Mai 2017. Da gelang mir ein Erfolg, mit dem ich nie gerechnet hätte. Es war ein Sieg, den erst die Natur mit ihren Launen möglich machte. Auf Sardinien, bei der zweiten Etappe des Giro d'Italia, mauserte sich eine hügelige Etappe – prädestiniert für Ausreißersiege – in ein Sprinterfinish. Der Gegenwind, der stündlich heftiger wurde, neutralisierte alle Bemühungen der Fahrer, die davonziehen wollten. Ich kam in Tortolì als Erster ins Ziel, auch weil Caleb Ewan im letzten der Schuh aus den Cleats rutschte – auch bei anderen läuft nicht immer alles rund. Aber hier und heute scheiterte er noch an sich selbst, und ich zog durch, sprintete zum Sieg und sogar ins Rosa Trikot des Führenden beim Giro.

Es war ein unverhoffter Erfolg und es war die beste Art, um meiner Mutter einen außergewöhnlichen Gruß zu senden. Ich widmete den Erfolg der Frau, die mich nicht nur zur Welt, sondern damals in Rostock auch zu jenem Verein gebracht hatte, bei dem ich den Einstieg in den Radsport fand. Ich wusste, dass meine Schwierigkeiten nichts waren im Vergleich zu dem, was sie in jener Zeit durchmachte. Ich bin froh, dass ich, aus dem fernen Italien, im Rosa Trikot, ein Zeichen an die Ostseeküste schicken konnte. Viel Zeit blieb mir nicht mehr, blieb ihr nicht mehr.

Ich wollte es damals natürlich nicht wahrhaben, ich wollte versuchen, mich auf meine Arbeit zu konzentrieren, weiterzumachen wie immer – und meine Mutter forderte mich auch immer dazu auf. Aber wenn ich heute zurückblicke, dann weiß ich, wie verzweifelt dieser Versuch spätestens seit dem Winter 2014 war, als meiner Mutter sozusagen das Todesurteil verkündet wurde.

***

ALS oder Amyotrophe Lateralsklerose ist ein unerbittliches Schicksal, das jeden Betroffenen auf ganz eigene Weise, aber immer unfassbar hart erwischt. Bei der unheilbaren Veränderung im Nervensystem schreitet die Krankheit zunächst im Verborgenen voran, bleibt unentdeckt oder wird falsch diagnostiziert, ehe sich die drastischeren Symptome klar ihren Weg brechen. Die Krankheit legt in Schüben die für die Motorik zuständigen Nerven im Körper lahm. Erst führt sie zu Spasmen, also Krämpfen, durch erhöhte Spannung in den Muskeln, dann schwächt sie die Muskeln und leitet deren Abbau ein, bis der Körper nicht mehr lebensfähig ist.

Menschen, die an ALS leiden, haben eine schmerzhafte und seelisch quälende Zeit vor sich. Sie wissen: Es gibt keine Heilung.

Es gibt kein Zurück. Es steht eine Zeit der Qualen an, eine Phase des Abschieds auf Raten. Meine Mutter gehörte zu jenen Menschen.

***

Als ich 2011 meine erste Tour de France bestritt, war sie bereits an ALS erkrankt. Meine Mutter wusste es nicht, ich wusste es nicht, niemand verstand es. Aber es gab ein Zeichen, das wir erst einige Zeit später in seiner Bedeutung realisierten. Während mein Leben durch meine berufliche Laufbahn eine neue Intensität annahm, während also ein neuer Abschnitt mit immer bedeutsameren Wettkämpfen angebrochen war, stürzte meine Mutter schwer eine Treppe hinunter. Ihr – aussichtsloser – Wettkampf gegen die Krankheit hatte da bereits begonnen, ohne dass wir es wussten. Es war die Gegenseite zu meinem Aufschwung. Meine Mama besuchte mich in Paris zum Ende der Tour, es war ja meine erste Frankreich-Rundfahrt gewesen. Sie war stolz auf mich, sie war ja auch Fan durch und durch. Doch als ich sie da traf, nach all meinen Strapazen der drei Wochen in Frankreich, wunderte ich mich vor allem über ihr Erscheinungsbild. Sie hatte ein blaues Auge und eine Beule an der Stirn. Sie sei auf der Arbeit gestürzt, sagte sie nur, aber niemand konnte ermessen, was wirklich dahintersteckte. Eine große Sache machte sie nicht draus, da sie unbedingt nach Frankreich wollte und zusehen, wie ich in Paris ankam.

Meine Mutter hatte in der Folge viele Probleme, sie stürzte oft, verschwieg es mir aber zumeist. Irgendwann ging sie, weil es nicht besser wurde, zum Arzt, der allerdings nichts entdecken konnte. Irgendwann vermuteten sie bei meiner Mutter eine psychosomatische Erkrankung, doch sie bezweifelte diesen Ansatz. Aber sie war der Überzeugung, dass da doch noch etwas anderes sein musste, so sagte sie es mir immer wieder, als wir darüber sprachen. Wir sprachen regelmäßig und irgendwann konnte ich es nicht mehr übersehen: Es musste etwas geschehen. Ihr ging es schlecht, es wurde schlimmer und sie wusste keinen Rat. So will man seine Eltern nicht leiden sehen.

Im Herbst 2014 nutzte ich meine Verbindungen, um der Sache auf den Grund zu gehen. Ich bekam für meine Mutter einen Termin bei einem Arzt in Hamburg, wir fuhren gemeinsam mit meinem Vater hin. Was dort passierte, war nicht schön, aber es war dennoch ein klärendes, ein wertvolles Ereignis: Wir fanden heraus, dass meine Mutter an ALS erkrankt und die degenerativen Prozesse weit vorangeschritten waren. Wir wussten jetzt, dass sie nicht mehr lange zu leben hatte. Es blieben nur noch ein paar Jahre.

***

Es ist sinnlos, so etwas zu verdrängen. Man kann versuchen, seinen Job zu machen wie eh und je, aber es wird auf Dauer nicht funktionieren. Meine Eltern, das teilten sie meiner Schwester und mir auch mit, wollten uns nicht belasten. Sie wählten ganz bewusst einen anderen Weg. Sie entschieden sich, die Krankheit und das Schicksal vor allem mit sich selbst auszumachen und uns damit zu *ent*lasten. Das zeigte sich immer wieder, wenn wir im Laufe der Zeit miteinander sprachen: Sie erwähnten uns gegenüber nicht all die Stürze, die Leidensgeschichte, die neuen Erkenntnisse der Mediziner. Sie wollten ihre Tochter und ihren Sohn beschützen und nicht konfrontieren mit all dem Leid, das sie gemeinsam durchlebten. Ich war nicht der Meinung, dass man uns schonen sollte, aber ich habe zu akzeptieren gelernt, schließlich mussten meine Eltern entscheiden, welcher Weg ihnen richtig vorkam. Sie waren immer eigenständige Menschen gewesen, die einander stützten. Ich vertraute darauf, dass sie wussten, was für sie am besten war.

Es war aber durchaus so, dass wir nach der Diagnose noch intensiver im Austausch waren. Wir haben viel gesprochen, aber manches blieb eben doch oben an der Küste. Bei Besuchen war es mitunter schwer zu ertragen. Ich sah das Leid, ich wollte etwas tun, aber mein Vater und meine Mutter haben es mit sich ausgemacht. Was meine Mutter vor allem tat: Sie hat mir das Gefühl vermittelt, dass es gut war, dass ich weiter mein Leben leben sollte, dass sie meinen Rennen im Fernsehen verfolgen und mich weiter feiern würde für das, was ich im Leben erreicht hatte, der kleine, unruhige Junge aus unserem Haus, dessen Tränen sie wegwischte.

***

So sehr meine Mutter ihre Kinder behütete, so sehr wählte sie aber auf der anderen Seite doch auch einen offensiven Weg. Sie blickte ihrem Schicksal, dem Tod und den Tatsachen knallhart ins Gesicht. Wohl jeder, der irgendwie in den sozialen Medien unterwegs war, hat damals von der sogenannten »Ice Bucket Challenge« gehört, bei der man sich mit einem Eimer Eiswasser überschüttete und das per Videoclip verbreitete. Es war ein kulturelles Phänomen und eine Aktion, die auf ALS aufmerksam machen wollte, aber viel Wissen über die Krankheit war dennoch nicht im Bewusstsein der Menschen verankert. Meine Mutter wollte das ändern. Sie wusste, dass sie für sich nichts mehr herausholen konnte, aber sie wollte gegen das Leid der anderen Menschen nach ihr und für die Wissenschaft etwas tun. So stellte sie sich voll in den Dienst der Forscher. Sie ließ sich Nervenwasser abnehmen, stand für viele Untersuchungen zur Verfügung. Ich empfand wahnsinnige Hochachtung vor ihr, auch wenn ich es als ihr Sohn nur schwer ertragen konnte, wie sie litt und wie sie sich für diese Untersuchungen noch zusätzlich abquälte. Aber es war ihr Weg, ein Weg, mit dem sie auch mich anstiftete.

***

Meine Mutter suchte die Öffentlichkeit. Sie wandte sich 2015 an Petra Haase, eine Redakteurin bei der Ostsee-Zeitung, unserem Lokalblatt. Meine Mutter kannte Haase noch aus der Schule, hatte sie dann aber 40 Jahre nicht mehr gesprochen. Sie lud die Journalistin zu uns nach Hause ein, um von ihrer Diagnose, ihrem Alltag zwischen Physio- und Ergotherapie sowie Logopädie zu berichten, aber vor allem, um Menschen mit ALS Mut zu machen, um aufzuklären, um etwas zu tun gegen diese wenig bekannte Krankheit.

Es ist bemerkenswert, wie meine Mutter ihren eigenen Weg gegangen ist, wie sie das Leben meisterte, wie sie als Köchin ihren Job gut machte, zur Personalratsvorsitzenden aufstieg, uns als Kinder mit viel Liebe großzog, wie sie ihr eigenes Leben lebte. Und es ist bemerkenswert, wie sie eben hier dieses Schicksal öffentlich machte: »Wir haben uns erstmal ausgeheult. Dann habe ich gesagt: Jetzt ist Schluss, wir müssen die Krankheit angehen, zusammen schaffen wir das.« Und so machten es meine Eltern dann auch, als Partner, als Team, als Schicksalsgemeinschaft.

In dem Interview erzählte meine Mutter über den körperlichen Verfall, die seelischen Strapazen. Wie es ist, nach 37 Jahren nicht mehr zu arbeiten, wie es sich anfühlt, wenn der eigene Bewegungsradius schwindet. Wie wichtig die Freunde sind, die Familie, die einen stützt. Das Gespräch mit meiner Mutter hat Petra Haase nachhaltig beeindruckt, das schrieb sie auch nach dem Tod meiner Mutter nochmal. »Man kann am Schicksal verzweifeln. Oder man kann ihm die Stirn bieten. Meine Verneigung, liebe Gudrun!«

***

Meine Mutter und ihre Überzeugungskraft im Kampf gegen die Krankheit steckten mich an. Auch ich musste etwas tun, musste auf diese Krankheit, die Diagnose und den Mangel an Maßnahmen zur Erforschung von Gegenmitteln etwas tun. Ich sah bei mir die Chance, meine Bekanntheit als Sportstar für diese Sache zu nutzen – und das habe ich in den vergangenen Jahren auch immer wieder getan. Ich kann die Community bewegen, beispielsweise habe ich das 2017 mit einem großen gemeinsamen Zwift-Ride gemacht, bei dem andere Rennradfahrer gemeinsam mit mir übers Internet verbunden waren und mit mir zusammen auf ihren Rollentrainern eine Fahrt absolvierten, um auf die Krankheit aufmerksam zu machen und Gelder für die Forschung zu sammeln. Andere prominente Fahrer schlossen sich an, eine tolle Sache, etwa mein größter Rivale aus Deutschland, Marcel Kittel, und natürlich auch Sibi und Marcus Burghardt.

In den vergangenen Jahren, angestiftet vom Kampfgeist meiner Mutter, habe ich das Motto »Fight Against ALS« zu meinem Thema gemacht. Es war ein Leichtes und dafür bin ich dankbar, dass Partner wie Strava und Zwift sofort ihre Plattformen geöffnet und mitgeholfen haben, für mein Anliegen zu werben. 2020 war ich überwältigt, als ich eine soziale Kampagne anlässlich des »World Bicycle Day« startete und Radfahrer in aller Welt aufrief, sich an meiner Aktion zu beteiligen und Kilometer im Kampf gegen ALS abzuspulen. Mehr als 43 000 Teilnehmer aus 143 Nationen machten bei dieser Aktion mit und legten auf ihren Fahrrädern 5 227 326 Kilometer zurück. Im Laufe der Jahre kamen beachtliche Summen zusammen und ich möchte viel daran setzen, dass das auch weiterhin geschieht. Es ist schön und auch im Sinne meiner Mutter, dass wir mit den Erlösen aus den Charity-Aktionen in der Lage waren, eine Stelle bei der Deutschen Zentrale für Neurodegenerative Erkrankungen in Rostock zu schaffen. Der Job ist speziell auf die Erforschung seltener Nervenkrankheiten und im Besonderen von ALS ausgerichtet. Ich freue mich über jeden Menschen, der sich mit dieser Krankheit beschäftigt, das Wissen über sie weiterverbreitet oder dabei hilft, Geld für den Kampf gegen dieses Schicksal zu sammeln.

***

Wie oben bereits gesagt, ist ALS eine Krankheit, die sich schubweise verschlimmert. 2017 war es bereits so weit, dass meine Mutter ständig stürzte und sie kaum noch aus dem Haus gehen konnte. Sie bekam einen Rollstuhl und einen Treppenlift für zu Hause. Ich, der im rasenden Tempo durch die Welt fuhr, war in Gedanken immer mehr bei meinen Eltern. Es war unübersehbar, wie weit meine Mutter bereits abgebaut hatte. Wenn ein Schub kam, wenn es ihr schlechter ging, dann zögerte ich nicht. Dann brach ich mein Programm ab, packte meine Sachen und setzte mich ins Auto, fuhr zu meinen Eltern an die Küste, um für sie da zu sein. Es war der Versuch, sie zu unterstützen, bei Gesprächen mit Ärzten dabei zu sein, aufmerksam zu sein, Dinge zu übernehmen.

Jetzt ließ es sich nicht mehr verdrängen: Es gibt im Leben wichtigere Dinge als den Sieg auf den letzten Metern einer Etappe. Auch wenn der größte Teil meines Lebens diesem Ziel untergeordnet war: Die Liebe zu meinen Eltern, das Leid und das nahende Ende waren größer und bedeutsamer als all das.

Ich reduzierte mein Programm im Laufe der Endphase der Krankheit meiner Mutter. Auch Tina und meine beiden Töchter waren natürlich immer mit dabei und kamen mit mir immer wieder nach Rostock. Mein Team, dem ich dankbar dafür bin, ließ mir damals den Freiraum, der nötig war, um möglichst viel bei meinen Eltern zu sein.

***

Es war ein schleichender Prozess, aber dann ging es ganz schnell. Im November 2017, nach einer Saison, die mental anstrengend war, bei der ich zwar kurz das Rosa Trikot überstreifen durfte, es aber erstmals bei der Tour nicht zu einem Etappensieg reichte, wo ich mit viel Zähigkeit im Herbst aber immerhin noch einige Podiumsplätze und einen Triumph erreichte, kam der Anruf. Wir waren gerade aus dem Herbsturlaub nach Hürth zurückgekehrt und ich befand mich auf dem Weg zum Training, als mein Vater mir offenbarte: »Es geht los.« Ich wollte nicht verstehen. »Was geht los?«, fragte ich, aber es hatte mich kalt erwischt. Man kann versuchen, sich auf alles vorzubereiten. Aber auf diesen Anruf, auf diese Situation kann man sich einfach nicht vorbereiten.

Mein Vater sagte mir, dass es zu Ende ging. Meine Mutter wartete eigentlich noch auf einen Termin für die Palliativbehandlung, um sie auf medikamentös einzustellen und ihr Leid zu minimieren. Doch jetzt war der Palliativmediziner spontan zu meinen Eltern nach Hause gekommen. Alles deutete darauf hin, dass der Körper meiner Mutter bald nicht mehr lebensfähig wäre. Es ging um wenige Tage, vielleicht nur um Stunden. Ich drehte um, stellte mein Fahrrad in die Garage, packte die nötigsten Sachen ins Auto, holte mit Tina die Kinder von der Schule ab, dann fuhren wir nach Norden.

Auch während unseres Familienurlaubs hatten meine Eltern mich und meine Frau sowie meine Töchter verschont. Meine Schwester hatte in der Zeit, die wir im Urlaub waren, meine Mutter begleitet. Nun übernahmen wir, so war es abgesprochen. Deshalb wussten wir bis zu diesem Tag nicht, dass sie bereits die Palliativbehandlung in Angriff genommen, die letzten Schritte also vorbereitet hatten.

Als wir in meiner Heimat in meinem elterlichen Haus in Kritzmow ankamen, war der Palliativmediziner bereits da gewesen. Meine Mutter sah jetzt dem Tod direkt ins Gesicht. Sie war nervös, aber der Arzt hatte ihr ein Beruhigungsmittel verabreicht, um ihr diese Momente mit weniger Leid zu ermöglichen. Wir aßen zusammen, mein Vater, meine Frau, meine Kinder und ich, meine Töchter – und meine Mutter war bei uns, schwach, aber bei uns.

Als es spät wurde, schickte mein Vater uns raus. Ich wäre am liebsten bei meinen Eltern geblieben, doch er ließ das nicht zu. Es war auch nicht abzusehen, wie viel Zeit noch blieb, ich sollte mich ausruhen. Ich übernachtete bei meinen Schwiegereltern, mit Tina und den Kindern, schlafen konnte ich natürlich nicht. Und so bin ich morgens ganz früh, vielleicht um fünf oder halb sechs, wieder zu meinem Vater gefahren. Doch meine Mutter schlief so fest, dass sie nie wieder aufwachte. Ihr Kampf war vorbei. Mein Vater und ich sahen, dass sie verstorben war. Das Bild meiner toten Mutter ist friedvoll, sie war erlöst. Und ich war froh, dass ich gemeinsam mit meinem Vater diesen Moment erlebte. Für meine Schwester hingegen war es sicher schwer, denn sie war ja noch wenige Tage zuvor bei meiner Mutter gewesen, auf eine gewisse Art hatte sich meine Mutter aber auch von ihr verabschiedet, mehr wissend als meine Schwester. Dass sie sich in Würzburg aufhielt und nicht bei meiner Mutter, als es zu Ende ging, war sicher nicht einfach.

Aber es musste alles schnell gehen, auch wenn das für uns als Angehörige schwer zu ertragen war. Meine Mutter hatte ihren Körper der Wissenschaft überlassen, all das war längst geregelt, deshalb blieb uns nicht viel Zeit zum Abschiednehmen. Sie wollte, dass die Forscher ihr Gehirn sezieren, um mehr über die Krankheit ALS zu erfahren. Für Kinder ist das eine schlimme Vorstellung, daran lässt sich nichts ändern, aber wir respektierten den Willen, der meine Mutter ihr ganzes Leben lang ausgezeichnet hatte.

Es ist nicht so, dass meine Schwester und ich immer froh gewesen wären über die Wahl meiner Eltern. Für uns Kinder waren viele Entscheidungen schwer zu ertragen und dazu gehört auch jene, dass wir eben nur so wenig helfen durften. Wir hätten gern mehr getan und uns vielleicht auch mehr eingemischt. Die Tatsache, dass meine Mutter alles über Patientenverfügungen und ihren letzten Willen geregelt hatte, war für uns manchmal wirklich herausfordernd. Weil wir das verzweifelte Gefühl hatten, doch irgendwas für sie tun zu müssen, was sie aber nicht zuließ – und weil wir den Gedanken hatten, dass unsere Eltern uns vielleicht in dieser entscheidenden Phase im Leben etwas weniger hätten schützen sollen. Aber aus heutiger Sicht, mit etwas mehr Distanz, ist mir klar geworden: Meine Mutter hat für sich einen Weg gewählt, vor dem ich den höchsten Respekt habe.

***

Die Erinnerung an die Krankheit und den Tod meiner Mutter lässt sich nicht ohne meinen Vater erzählen. Vor diesem Mann, der aufrecht seinen Weg und den gemeinsamen Weg unserer Familien gegangen ist, habe ich höchsten Respekt. Mein Vater hat mit meiner Mutter eine Partnerschaft gelebt, die uns alle gestützt hat. Er hat meine Mutter vom ersten Tag der Krankheit bis zur letzten Nacht begleitet und gepflegt. Der Tod, das konnte ich an jenem Morgen gut erkennen, war für ihn Anlass zur Trauer, aber auch eine Erlösung. Denn er hatte mit meiner Mutter diese schweren Jahre durchlitten, er konnte ihr Leid am besten einschätzen. Der Weg, der hinter ihm lag, war unheimlich schwer. Aber er gab nicht auf, arbeitete weiter in seinem Beruf als Kraftfahrer. Er fand zurück in den Alltag und war noch bis Anfang 2021 berufstätig. Er fand wieder eine positive Einstellung zum Leben. Es ist schön, das zu sehen, und ich bin stolz auf ihn.

***

Der Sport lenkt ab. Aber das geht nur in gewissen Grenzen. Ich dachte, ich könnte meine Leistung bringen und das psychische Leiden woanders abkapseln. Ich bin ein verschlossener Mensch, ich fresse gern Dinge in mich hinein. Der Weg, den ich mit meiner Mutter gegangen bin, hat mir gezeigt, dass diese Einstellung irgendwann nicht mehr funktioniert. Ihre Offenheit, ihr bewusster Blick auf ihr Schicksal hat auch mein Leben geändert. Und ich habe längst verstanden, dass sich manche Ziele diesen wichtigen Dingen im Leben unterordnen müssen. Das ist gewissermaßen eine Befreiung.

Arkea-Samsic, Afrika und Antibiotika

Die Fahrt im Besenwagen erlebe ich als Befreiung. Es ist der 19. Juli 2018. Mir reicht es, ich will nicht mehr und darf jetzt einfach sitzen, während der Motor uns die steilen Berge hinaufdröhnt. Ich sitze im Bus der Abgehängten, von der Rennleitung aus dem Wettbewerb genommen, beim größten Radsportereignis sportlich versagt. DNF mag ich ja grundsätzlich nicht. Aber für mich ist es ein Moment der Öffnung, des Durchschnaufens, der Erlösung. Es geht wieder etwas Großes zu Ende, mehr als ein Rennen. Die ASO, die Organisation der Tour de France, hat uns heute eine der heftigsten Aufgaben gestellt, hinter mir liegt die belastende Erfahrung und der Weg mit meiner Mutter und der gescheiterte Versuch, in diesem Jahr mit neuem Schwung einen goldenen Herbst in meiner Karriere einzuleiten.

Abgehängt, wie die anderen Sprinter hier im Bus am Col de la Madeleine, dem Pass in den wunderschönen französischen Alpen, die an diesem Tag von lockeren weißen Wolken und der strahlenden Hochsommersonne in Szene gesetzt werden. Ich sage hinterher viele Sätze zu den Journalisten über die Schwierigkeiten dieser Tour, dass die Streckenplanung vielleicht zu hart war, eine Überforderung für Sprinter wie mich. Sätze, die ich sagen muss, um als Profisportler meinen Anspruch klarzumachen: durchkommen, um den Sprint in Paris kämpfen, nicht aufgeben. Aber eigentlich bin ich einfach nur froh.

Ich sitze im Bus. Ich brauche mich hier nicht mehr zu quälen. Ich plaudere locker mit den anderen Sprintern, die noch vor mir den Kontakt zum Hauptfeld verloren haben und eher als ich ausgestiegen sind. Fernando Gaviria ist dabei, Dylan Groenewegen, Rick Zabel. Die meisten um mich sind enttäuscht, aber ich merke einfach nur: Es ist genug gewesen, es ist Zeit, Luft zu holen.

***

Nach dem Tod meiner Mutter im Spätherbst 2017 habe ich ein bisschen Zeit gebraucht, aber dennoch habe ich mit einem neuen Blick dieses Jahr 2018 in Angriff genommen. Ich war frisch, das kann ich sagen, ich wollte es nochmal wissen. Außerdem musste ich auch etwas tun, denn es war das so genannte Vertragsjahr, also eine Saison, an deren Ende mein Profivertrag mit meinem Arbeitgeber Lotto-Soudal auslief. Als Sportler möchte ich mich immer beweisen, aber natürlich stehe ich in einem Jahr unter besonderem Druck, in dem sich meine berufliche Zukunft noch offen gestaltet. Es hängt ja viel mehr dran als nur mein eigenes Gehalt. Es geht um die Rollen meiner Teamkollegen, mit denen ich gemeinsam das Lotto-Projekt seit mittlerweile sieben Jahren so erfolgreich gestaltet habe. Es geht um Menschen wie Raoul, die für mich da sind und mit mir ein Auskommen haben. Und natürlich geht es um die Frage, wie und um welchen Kapitän eine Mannschaft langfristig aufgebaut wird.

Ende 2017, in dieser Umbruchphase meines Lebens, veränderte sich auch an den Schaltstellen unseres Teams die wichtigste Personalie. Marc Sergeant, mit dem ich so lange so gut zusammengearbeitet hatte, bekam einen neuen Vorgesetzten – Paul De Geyter, der als Team-Manager so etwas wie der neue Geschäftsführer wurde. Marc rückte ins rein Sportliche und ich wusste von Beginn an nicht so recht, wo ich mit Paul De Geyter dran war. Er war bis dato als Fahreragent tätig gewesen, ich kannte ihn nicht. Er gab sich allerdings auch keine besondere Mühe, dass sich daran etwas änderte, trotz der Rolle, die ich für diese Mannschaft seit Ende 2010 innegehabt hatte. Einige Monate später wusste ich umso sicherer: Mit diesem Menschen möchte ich auf keinen Fall weiter zusammenarbeiten.

***

Das »Vertragsjahr« begann bestens. Den Winter hatte ich, trotz der belastenden Ereignisse mit meiner Mutter, genutzt und war zu allem entschlossen. Ich hatte wieder die Klassiker im Blick, denn im Vorjahr war ich sogar bei Paris-Roubaix – auf den Kopfsteinpflastern im Norden Frankreichs – so stark gewesen wie sonst nie in meiner Karriere. Ich wollte daher im Frühjahr zeigen, wie sehr ich mich weiterentwickelt hatte, welch prägende Rolle ich auch in Zukunft für mein Team einnehmen konnte. So hatte es ja auch Tom Boonen getan, der große Held der Belgier, der vom Top-Sprinter immer mehr zum Klassikerjäger wurde. Ich hatte auch den Blick auf diese Eintagesrennen gerichtet, wollte meinem Team dort etwas geben, was nicht unbedingt auf einen Sieg ausgerichtet sein musste. Ich wollte eben ein Fahrer sein, der mit seinem belgischen Team in dieser Phase etwas reißt – und das gerne noch ein paar Jahre länger.

Das Jahr begann dann mit meinem persönlichen Wohlfühlprogramm und dem tief verankerten guten Gefühl, das mir Australien gab. Bei der Tour Down Under war ich wieder auf der Straße und siegte gleich bei der ersten Etappe. Schaut man sich an, was unser Team unter De Geyters (Miss-)Management in diesem Jahr überhaupt zusammenbekommen hat, dann war das schon ziemlich herausragend. Viel würde nämlich in den kommenden Monaten nicht mehr zusammenlaufen und das hatte ganz sicher auch damit zu tun, dass der neue Macher eher die eingespielten Abläufe störte und uns als Team schwächte, bis alles auseinanderbrach.

Ich siegte also am 16. Januar in Lyndoch, beim ersten Sprint des Jahres, was für ein gutes Gefühl nach dem schwierigen Winter! Ich konnte es noch. Hinter mir rangierten einige der besten Sprinter: Caleb Ewan, Peter Sagan, Elia Viviani. Das wiederholte ich auch beim Abschluss der Rundfahrt. Mit zwei Siegen bei zwei Massensprints war ich top in die Saison gestartet, wie auch der junge Australier Caleb Ewan. Was ich damals noch nicht wusste: Schon seit Längerem verhandelte De Geyter mit Ewan, er sollte im Folgejahr für uns sprinten. Im Hintergrund wurde längst daran gearbeitet, dass ich aufs Abstellgleis geriet. Aber offen geredet wurde mit mir nicht. Im Gegenteil: Nach dem sehr guten Saisonstart hieß es immer, dass ein neues Vertragsangebot geben werde. Ich wartete und das ziemlich lange.

***

Meine Form für die Klassiker war so gut, wie ich es mir erhofft hatte. Ich war im März top in Form. Als die Sonne am 17. März über der ligurischen Küste schien und uns Fahrer auf dem langen Weg nach San Remo begrüßte, war ich, wo ich immer schon sein wollte. Der Sprinter-Klassiker, das erste Monument der Saison, lief gut für mich. Ich kam mit der Spitzengruppe auf den Poggio, den letzten Anstieg vor der herausfordernden Abfahrt zur Zielpassage. Vorne attackierte Vincenzo Nibali und verursachte erheblichen Wirbel, es dauerte, bis andere Fahrer dagegenhielten – mit Gegenlicht in der sich windenden, engen und von Fans beschallten Straße hinab zum Mittelmeer. Ich hatte das Gefühl, dass wir es schaffen könnten. Doch dann schlitterte meinem Teamkollegen Jasper De Buyst in der hektischsten Rennphase das Vorderrad weg – und ich fand mich auf dem Asphalt wieder.

So schnell platzen Träume. So klein ist ein Missgeschick, das einen völlig aus der Bahn werfen kann. Das Rennen war vorbei.

Aber nicht nur das Rennen. Ich spürte schnell die Schmerzen. Meine Schulter, die mir schon so oft Probleme gemacht hatte, inzwischen ja meine Achillesferse, hatte es wieder getroffen. Die Klassikersaison, auf die ich gehofft hatte, um mich in diesem wichtigen Jahr zu präsentieren, war bereits gelaufen, ohne dass ich überhaupt an den Start rollen konnte. Ich musste mich erneut operieren lassen. Eine Platte und zehn Schrauben setzte mir der belgische Spezialist ein, weil mein Schlüsselbein mehrfach gebrochen war.

***

Als Profisportler lernen wir, eine erhebliche Resilienz im Leben aufzubauen. Die mentale Komponente, der Umgang mit Niederlagen und Verletzungen, das Platzen von Träumen, das schaffte auch ich sehr lange, indem ich positiv blieb und meinen Blick auf die Zukunft richtete. Doch was in diesem Zeitraum geschah, war immer wieder so belastend, dass es mich auf eine harte Probe stellte. Hätte ich Tina nicht gehabt, die mich in diesen Momenten immer wieder aufbaute, wäre es eng geworden mit meinem Optimismus. Meine eigenen Mauern reichten nicht mehr, um das alles nicht an mich ranzulassen.

***

So also setzte ich alles auf die Tour. Ich wollte weiter zeigen, dass ich gut genug war für unser Team, für weitere Jahre bei Lotto und für eine starke Rolle in der ersten Liga des Radsports.

Doch von vielen Seiten nagte es an mir und am meisten war es die Unsicherheit, die sich als belastend herausstellte.

Ich war wieder auf dem Rad, ich kam wieder in Form, ich sprintete im Mai schon zu meinen ersten Siegen bei den Vier Tagen von

Dünkirchen und der Belgien-Rundfahrt. Gerade zwei Monate nach meiner OP holte ich sogar das Grüne Trikot für den besten Sprinter in Belgien, sackte Punkte für unser Team ein und weitere zwei Etappensiege für meine Vita. Ich zeigte mich widerstandsfähig und baute meine Kondition für das größte Rennen des Jahres bei der Tour de Suisse noch weiter aus. Ich war, so mein Blick auf die Dinge, sportlich voll auf Kurs. Aber man ließ mich hängen.

***

Hingehalten. So fühlte ich mich. Und das ist etwas, was ich überhaupt nicht leiden kann. Ich bringe meine Leistung, ich brenne für meinen Sport, ich mag den unverstellten Umgang miteinander. Ich lieferte meinen Teil für einen neuen Vertrag bei meinem Team. Doch das Team ließ mich warten. De Geyter sagte immer nur: bald. Aber es passierte und passierte nichts. Es hatte mal, früh in der Saison, eine Art Angebot von ihm gegeben, aber das war so mau, das konnte ich nicht akzeptieren. Danach passiert nichts mehr.

So war ich körperlich hervorragend auf die Tour de France vorbereitet, ich muss sagen: Ich war physisch absolut bereit, dort an meine besten Jahre anzuschließen. Aber unser Manager machte alles mit seinem Handeln zunichte, er zerstörte zwar nicht meine körperliche Form, aber meine psychische.

Im Vorfeld der Tour sprach ich natürlich mit meinen Teamkollegen, allen voran mit Sibi, über die Vertragslage und unsere Perspektive. Wo es Sicherheit gebraucht hätte, wuchsen Unverständnis und Frust über die Lage. Wir hegten Zweifel, während der Kalender uns anzeigte, dass wir bald das wichtigste Rennen des Jahres fahren würden.

***

Ich wartete und wartete, während im Hintergrund die Medien über die Verhandlungen zwischen De Geyter und Caleb Ewan berichteten, während auch zum Thema wurde, dass ich noch keinen neuen Vertrag vorgelegt bekommen hatte. Ich bat um ein Gespräch und musste mich weiter gedulden. Es war Juni und ich merkte: Dieser Mann hält mich hin. Dieser Mann macht kaputt, was wir aufgebaut haben. Ich wollte am liebsten mit dieser Equipe meine Karriere zu Ende bringen, aber nicht unter diesen Umständen.

Sibi, mit dem ich so eng und vertraut zusammengearbeitet hatte, ging es genau wie mir. Er war so konsequent, dass er klarstellte: Wenn ich kein neues Angebot vor der Tour habe, verlasse ich das Team. So passierte es dann. Unser Gerüst zerbrach bereits vor der Frankreichrundfahrt, weil die prägenden Leute nicht mehr daran glaubten, dass es in der Zukunft noch tragen würde. Sibi und Jens Debusschere hatten sich für den Ausstieg entschieden, auch Jurgen Roelandts war ja schon weg.

Es gab keinen Grund, mich so hinzuhalten. Dann kam, zwei Tage vor dem Grand Départ an der französischen Atlantikküste, eine Offerte, die so etwas war wie ein Schlag ins Gesicht. Vertrauen ist mir wichtig. Jetzt war alles Vertrauen zerstört.

***

Ich hatte eine halbe Saison gewartet, spätestens nach Mailand-San Remo darauf gedrungen, und jetzt sollte ich mich innerhalb von 48 Stunden für das Angebot entscheiden, das war an sich schon beleidigend, aber der Inhalt des Vertragsentwurfs war, als würde man meine Würde mit den Füßen treten: Ich sollte keine Grand Tours mehr fahren, sondern wieder in das B-Team rücken, während ein neuer Sprinterkapitän für Lotto ins Rampenlicht fahren sollte. Außerdem waren die finanziellen Rahmenbedingungen für mich nicht zu akzeptieren, aber das war alles nicht das Schlimme. Das

Schlimme war, dass man mir nicht die Chance geben wollte, mich mit diesem Team weiterzuentwickeln. Wer sagte eigentlich, dass ich nicht als Anfahrer für Caleb noch in eine neue Rolle schlüpfen wollte und konnte, nämlich die des erfahrenen Unterstützers in der Mannschaft, der flexibel für seine Mannschaft agiert? Ich habe das nie ausgeschlossen, ich hätte es mir wirklich auch vorstellen können, aber es hat mich eben keiner gefragt.

***

48 Stunden Zeit. Zwei Tage vor der Tour. Ich brauchte keine 48 Stunden. Die Antwort lautete Nein. Ich wollte diesen Mann nicht gewinnen, mich nicht degradieren und beleidigen lassen. Vielleicht hätte ich, in den Jahren davor, selbst meine Optionen besser prüfen, einen Wechsel woandershin forcieren müssen. Vielleicht hatte ich mich in einer Wohlfühlzone eingerichtet, auch wenn sich die Arbeit nicht so anfühlte. Aber ich glaube, die Sicherheit des planbaren Umfelds habe ich immer gebraucht, um mein Bestes zu geben.

Hier brach jetzt etwas auseinander. Während die Radsportwelt auf den ersten Start hin fieberte, griff ich zum Telefon und fragte bei jenen Leuten nach, zu denen ich gute Connections hatte. Habt ihr noch Bedarf?

Während sich das Fahrerfeld aufmachte zur Île de Noirmoutier, wo ich 2011 die Passage in die höchste Liga des Radsports trotz eines Sturzes beim Start bewältigt hatte, war ich im Kopf bereit für eine andere Passage als die Straße, die den halben Tag überflutet ist. Ich wollte nur noch weg von Lotto-Soudal, von De Geyter und seinem System, mit dem er offensichtlich alles loswerden wollte, was wir in den vergangenen acht Jahren aufgebaut hatten.

Es war der Ort, an dem mich erstmals die Tour gefahren war – und es war der Ort, an dem ich, trotz guter körperlicher Verfassung, bereits geschlagen in die Frankreich-Rundfahrt hineinrollte.

***

Man kann nicht dauerhaft alles verdrängen. Nicht eine tödliche Krankheit in seiner Familie, nicht einen Vertrauensbruch. Auf der ersten Etappe der Tour hatte ich mit dem Ausgang nichts zu tun. Ich versuchte noch, mich reinzubeißen. Einmal wurde ich Dritter, dann verlor ich auf der 8. Etappe nicht nur den Zielsprint knapp hinter Dylan Groenewegen, sondern wurde auch noch ganz nach hinten strafversetzt – ich hatte mich mit Fernando Gaviria mit den Ellenbogen beharkt und war entsprechend bestraft worden. Es lief erst nicht so richtig schlecht, aber gut lief es auch nicht, ich verkrampfte und hatte vor allem eines: keine Lust mehr.

***

Ich war mental kaputt, als ich meine sportliche Leitung per Funk informierte: Der Tour-Ausstieg war meine Rettung, mein Ausweg. Und tatsächlich fühlte es sich für mich, den harten Kämpfer, den Arbeiter und passionierten Radfahrer, jetzt wie eine Rettung an, dieses Rennen zu verlassen. Ein Mensch hatte alles zerstört, was wir aufgebaut hatten. Die negative Energie war so groß, ich brauchte Luft. Einfach nur raus. Raus aus dem Rennen, raus aus dem Team, ab an die Luft mit Menschen, denen ich vertrauen kann.

So saß ich, am 19. Juli am Col de la Madeleine, im Besenwagen. Die Tour war vorbei für mich. Dieses Jahr würde es keinen Zielsprint in Paris geben. Da war kein Gejammer, sondern eine

Erleichterung, die ich so noch nie gespürt hatte. Stattdessen gab es für mich eine Urlaubsreise, mit der Familie an die Ostsee.

***

Ich hatte viel telefoniert und direkt nach dem vorgelegten Vertragsangebot Einigkeit mit einem neuen Team erzielt: Fortuneo-Samsic, im folgenden Jahr Arkea-Samsic, einer Zweitliga-Mannschaft, die mir aber eine Perspektive bot. Ich wollte mit vernünftigem Gefühl und Anstand mit neuen Leuten in einem Team zusammenarbeiten, Respekt bekommen und geben. Ich brauchte einen anderen Umgang als mit Paul De Geyter, der uns kaputtgemacht hat. Sein Management war so miserabel, dass er nach einem Jahr seinen Posten wieder räumen musste. Die ganze Mannschaft hatte ein schwaches Jahr, das ließ sich nicht ignorieren. Als ich im Sommer meinen alten Chef Marc Sergeant über meinen Abgang informierte, flossen auch bei ihm Tränen.

***

Acht Jahre, fast ein Jahrzehnt, hatte ich mit dieser belgischen Equipe verbracht. Sie war mir wie eine Familie gewesen. Dieser letzte Sommer, nach der Klarheit, nach dem Vermelden des Wechsels Anfang August, war eine wehmütige Zeit. Bei der Großbritannien-Tour holte ich noch ein paar Siege und fuhr die Saison ordentlich zu Ende.

Am Abend des 7. Oktober 2018 endete diese Periode und nach dem Rennen Paris-Tours, dem traditionellen Schlusspunkt im Rennkalender, feierten wir als Team im Hotel noch lange gemeinsam. Nach allem Ärger der vergangenen Monate hatte ich das Negative überwunden. Das Bier floss, wir machten Party, redeten über die guten alten Zeiten, aber es war auch Zeit für etwas Neues.

Im Rhythmus der Rennen, der Vorbereitung, des Reisens und Tuns habe ich diesen epochalen Schritt gar nicht so sehr wahrgenommen. Man hat ein Problem gelöst, die Lage für sich verbessert. Im Rückblick war es wie ein Abschluss, eine Ära, ein ganzer lange Weg, der hier endete. Ich war jetzt gewissermaßen frei, hatte aber meinen Anspruch nicht aufgegeben. Ich war ein wenig blauäugig, wie immer in meinem Leben, aber ich war vor allem versessen darauf, weiter in meinem Lieblingsberuf zu arbeiten.

***

Der Aufbruch vor der Saison 2019 war gut. Es war Zeit, die Komfortzone zu verlassen, die nun keine Komfortzone mehr ist. Im Rückblick kann ich sagen, dass es gut war zu wechseln – wenn auch vielleicht nicht in dieses Team.

Befreiend war der Weggang, schön das Aufgenommen-Werden bei Arkea-Samsic. Die Mannschaft wurde damals schon sehr professionell geführt, die Organisation war top, die Betreuung gut, das Material hervorragend. Allerdings war es eben sportlich gesehen ein Abstieg – denn was diesem Team fehlte, das war eine ausreichende Zahl an starken Fahrern.

Ich hatte mich ehrlich gesagt recht blauäugig auf Arkea-Samsic eingelassen. Wer dort mit mir zusammen fahren würde, das hatte ich ausgeblendet. Es waren vor allem junge Franzosen – und mit diesem Typ Fahrer hatte ich bisher wenig Berührungspunkte gehabt, die ich allerdings recht schnell sammelte. Sagen wir es so: Es waren Welten, die aufeinanderprallten.

***

Ich war erstmal froh, dass ich etwas Neues beginnen konnte. Ich hatte in der Schule Französisch gelernt und machte dann auf eigene

Faust in der Zeit vor der Saison, im Herbsturlaub, einen Crashkurs mit Babbel. Ich wollte mich integrieren, wollte etwas mit dem Team erreichen. Ich hatte wirklich Lust darauf, es war ein schönes Gefühl.

Allerdings wurde dann recht schnell klar, dass es viele Kompromisse geben würde in den kommenden Monaten. Das ging mit dem Rennprogramm los. Ein französisches Team will natürlich für seine Sponsoren zur Tour de France, das wollte ich ja auch. Aber das bedeutet, dass wir im Vorfeld bei Rennen mitmachen mussten, die ich am liebsten außen vor gelassen hätte. Es war ein solches Rennen, bei dem ich meinen einzigen Sieg im Jahr 2019 feierte – den letzten Sieg in einem mehr als zwei Jahre dauernden, späten Teil meiner Karriere, in dem ich mich nochmal neu orientieren musste und doch immer ich selbst blieb.

***

Afrika, Gabun, Tropenhitze und von Sand und Staub rote Straßen: Ich hätte nie erwartet, dass ich als Profi noch bei einem Rennen dort an den Start gehen würde. Doch für Arkea-Samsic war die Sache klar. Vom Team wurde erwartet, dass es dort startete, schließlich wurde die Tropical Amissa Bongo als Rundfahrt in das Programm der ASO, der Tour-de-France-Organisation, aufgenommen, und so war auch klar, dass ich mich zeigen musste, um unsere Chancen auf eine Einladung bei der Frankreich-Rundfahrt im Sommer zu untermauern. Es läuft so: Bei den großen Rundfahrten in Frankreich, Italien und Spanien sind die World-Tour-Teams gesetzt, während niedrigklassigere Mannschaften wie die Continental Teams auf eine der wenigen so genannten Wild Cards hoffen. Rennen wie das in Afrika gehören dann eben dazu, um sich für die Organisatoren wie die ASO in Szene zu setzen.

Ich wollte nicht nach Gabun. Ich reise gerne, ich entdecke gern Neues, aber auf solche Experimente konnte ich verzichten. Ich hatte viel gehört von grottigen Hotels und schlechtem Essen – und so war es dann auch. Ich vertrug das Essen und das Wetter nicht gut, bekam Durchfall und nahm etwa drei Kilo ab. Aber klar: ich war dort, fuhr mit, ich sprintete zu einem Etappensieg. Das war nett, aber hatte eigentlich sportlich keine größere Bedeutung. Es ist auch nicht so, dass diese Rundfahrt für mich etwas Besonderes gewesen wäre, nur weil sie in Afrika stattfand. Damals blickte ich nur auf die Fakten, aus der Perspektive des Ergebnisfahrers. Wir folgen hin, wir flogen zurück. Ich hatte, so hat es sich später herausgestellt, aber noch Bakterien im Reisegepäck, die mir die nächsten Monate erschwerten. Das war mein Rennen in Afrika. Mit etwas mehr Abstand weiß ich dennoch, dass es eine wertvolle Erfahrung war.

***

Ich wollte missionieren, aber nicht in Afrika, sondern in Frankreich. Ich war naiv. Ich hatte mir weiterhin erhofft, bei Arkea-Samsic um Siege zu fahren. Aber es war am Ende auch ein Kulturschock: der gestandene deutsche Profi der alten Schule, der jeden Weg ging – und die jüngeren Franzosen, die ganz anders Rennen fuhren. Es war konträr. Die meisten meiner Kollegen waren glücklich, wenn sie mit der Spitzengruppe mitfahren konnten oder 30 Kilometer vor Ziel noch eine Flasche holen durften. Das hat ihnen genügt, das hat sie befriedigt. Ich habe versucht, diesen Ansatz zu ändern, habe an die Leute appelliert. Es war am Ende auch eine Frage der körperlichen Leistungsfähigkeit meiner Teamkollegen, vor allem aber war es eine Frage der Mentalität, die bei diesen Fahrern ganz anders aussah. Auch wenn es ein Klischee ist: Der norddeutsche Malocher traf auf ein Umfeld, das nicht so recht zu ihm passte.

***

Die Befreiung, ein neues Team gefunden zu haben, war schnell zu einer gewissen Tristesse geworden. Die Mannschaft war einfach nicht stark genug, hatte vor allem keine Fahrertypen für einen Sprintzug. Ich hatte das noch nie erlebt: Bei Rennen mit Windkante war ich den ganzen Tag allein unterwegs, die französischen Kollegen irgendwo abgehängt. Bei Sprintanfahrten musste ich allein um ein Hinterrad kämpfen. Es war einfach zu wenig.

Noch dazu merkte ich im Frühjahr, irgendwann um das Rennen in Dünkirchen, dass etwas nicht stimmte mit mir. Ich erholte mich schlecht, ich kam bei langen Rundfahrten nicht so richtig über die Belastungsschwelle. Erst war das ein diffuses Gefühl, aber es ließ sich bald nicht mehr leugnen. Zwar stimmten meine Watt-Werte für den Zielsprint noch, aber meine Ausdauer- und Regenerationsfähigkeit hatte sich rapide verschlechtert. Unser Teamarzt untersuchte mich gründlicher und fand eine Helicobacter-pylori-Infektion, die in Afrika weit verbreitet ist und ich mir höchstwahrscheinlich in Gabun eingefangen hatte. Ich machte eine Antibiotika-Therapie. So weit, so gut – aber wieder musste ich mit dem Team zur Dauphiné, einer Vorbereitungstour für die Tour de France, wieder ein Rennen, an dem unsere Mannschaft mit Blick auf die Vernetzung in Frankreich natürlich teilnahm.

***

»Ich höre jetzt auf mit dem Radsport. Das bringt so nichts mehr.«

Das habe ich tatsächlich bei der Dauphiné 2019 gesagt. Ich hatte genug von den Strapazen, die mich kein Stück näher an das Gefühl des Erfolges brachten. Es war keine gute Idee, nach der 14-tägigen Antibiotikatherapie direkt bei einem solchen Rennen mitzumachen. Vor der siebten Etappe trat ich daher den Heimweg an, stellte mein Rad in die Garage und glaubte, damit wäre ich durch mit meiner Karriere. An eine Teilnahme bei der Tour, die ja ganz klar das Ziel auch für mich gewesen war, verschwendete ich drei Wochen vor dem Start in Brüssel keinen Gedanken mehr. Ich hatte die Grand Boucle abgeschrieben. Man kann sagen: Ich hatte in den letzten paar Jahren das Loslassen ganz gut gelernt.

***

Wie wunderbar diese Tour ist! Was für eine großartige Veranstaltung, welche Begeisterung überall, welche wunderschönen Kulissen und Orte. Ich hatte das Projekt abgeschrieben, aber am Ende war ich doch mit dabei. 21 Etappen im Hochsommer, das wichtigste Ereignis für Leute wie mich – und völlig entspannt. Ich ließ mich ganz anders darauf ein.

Ich hatte mich zu Hause erholen können. Ich hatte nach ein paar Tagen Abstand gemerkt, dass es mir wieder besser ging. Ich hatte mich aufs Rad gesetzt und tatsächlich: Es fühlte sich wieder richtig an. Eine knappe Woche Pause hatte sich ausgezahlt. Ich trainierte und war zufrieden. Also rief ich bei der Teamleitung an und fragte, ob es vielleicht doch noch einen Platz für mich gab. Das gehe, sagte man mir, den Platz könne ich haben.

Mit diesem gelösten Ansatz fuhr ich nach Belgien, wo 2019 der Prolog anstand. Vorbereitet hatte ich mich vor allem im Kopf, mithilfe meines Mentaltrainers. Ich steckte mir keine Ziele. Die Form konnte nicht stimmen, dafür war die Ruhe nach der Dauphiné absolut kontraproduktiv, aber das machte nichts. So habe ich die Tour völlig neu kennengelernt. Die Euphorie, die damals in der belgischen und später dann französischen Bevölkerung herrschte, die einfache Freude an unserem Sport, die Menschenmassen. Es gab für mich keinen Druck, so gut wie keine Interviewanfragen. Im Laufe der drei Wochen verbesserte sich meine Form, und mit der Karenzzeit am Berg hatte ich keine Probleme. Niemand erwartete von mir, dass ich Siege einfahren würde, und alles andere wäre auch völlig unrealistisch gewesen: Unser Team hatte Warren Barguil für die Berge und dazu eine Gruppe französischer Fahrer, die auf diesem Niveau überfordert waren. Aber das ärgerte mich überhaupt nicht. Klar gab ich vereinzelt selbstkritische Interviews, formulierte meinen Ärger über ausgebliebene Ergebnisse, aber eigentlich war das damals gar nicht so wichtig für mich.

Diese Tour hat mir die Augen geöffnet: wie schön der Beruf ist, das Leben, dieser Sport und die Ereignisse, die er schafft. Ich war dabei, ich gab auch mein Bestes, aber die Erwartungshaltung fehlte. Morgens spazierte ich mit Raoul durch unsere Etappenorte, plauderte mit Menschen im Start-Dorf, wo sich Sponsoren, Region und Team präsentieren. Es wirkte wie ein drei Wochen langer Urlaub.

***

Am Ende, nach der Tour, kontaktierte ich meine Teamleitung. Ich war erleichtert und gelassen, denn noch so ein Jahr hätte keinen Sinn für mich ergeben. Es war mir jetzt egal, ob ich noch einen neuen Vertrag bekommen würde oder meine Karriere hier endete. Aber einen Sinn brauchte ich. Es war mir nicht egal, unter welchen Bedingungen ich arbeitete. Ich wollte ein Umfeld und wollte Fahrer, die wie ich arbeiteten, mit einem Willen und einer Leidenschaft, wie ich sie mein ganzes Leben lang an den Tag gelegt hatte.

Flamme Rouge

Das also war es. Ende, aus, ein großes Kapitel in meinem Leben ist vorbei. Ich kann nichts anderes fühlen als große Traurigkeit. Ich bin geschlagen, mein Körper fertig, mein Geist erschöpft, ich bin raus. Es ist der 16. September 2020, ein strahlender Spätsommertag in den französischen Alpen, am brutal steilen Col de la Loze oberhalb von Meribel. Ich habe mich hier hochgeschleppt, den ganzen Tag habe ich Schwierigkeiten gehabt. Ich war so schlecht drauf, dass ich unterwegs sogar nicht mehr das Tempo im Gruppetto mitgehen konnte. Ein Auto der Tour-Organisation bot mir zweimal etwas Windschatten, ich kam wieder an die Gruppe der Geschlagenen ran, aber hinauf zum Ziel bei dieser Etappe war ich wieder alleine. Ich wollte nicht aufgeben, aber ich war völlig abgeschlagen und kam als Drittletzter im Ziel. Mit Schüttelfrost fiel ich Raoul in den Arm. Ich konnte nicht mehr an mir halten. Die Tränen flossen nur so. Das war es für mich, da war ich sicher, das war meine letzte Tour de France.

Nach der Etappe, der 17. Etappe einer eigenartigen Tour im eigenartigsten Jahr, das nicht nur wir Profis je erlebt hatten, war ich durch mit meinem Lebenswerk. Es gab nichts mehr zu holen, dachte ich. Ich hatte schon seit Tagen einen Infekt, erhöhte Temperatur, mir ging es einfach miserabel. Und jetzt musste ich nochmal den Berg hinunterrollen, 15 Kilometer bis zum Teamhotel. Wer das schonmal in einem entkräfteten Zustand getan hat, wie ich es an jenem Tag tun musste, der weiß um die schier unüberwindliche Hürde, die so eine Abfahrt bereiten kann. Man rollt nicht nur, man krampft sich den Berg hinab, alles tut weh, man kühlt aus, die Strecke, die keine Kraft fordert, kostet doch eine unglaubliche Mühe. Diese Abfahrt war das i-Tüpfelchen nach einer unfassbar schweren Phase. Am nächsten Tag rollte ich nochmal an den Start, nach einer durchwachten Nacht, in der ich Fieber bekommen hatte. Ich wollte die Tour schaffen, das hatte sich in meinem Kopf reflexhaft festgesetzt. Aber es war mir eigentlich bewusst: Der Besenwagen war meine Bestimmung.

***

Wenn ich auf die letzten Jahre meiner Karriere zurückblicke, dann ist es erstaunlich, wie groß mein Aufwand war, um einen guten Abgang zu schaffen. Ich hatte den Wunsch, bei einem ambitionierten Team die Wandlung durchzumachen, die man mir damals bei Lotto verwehrt hatte. Es ging gar nicht mehr so sehr ums Siegen, sondern darum, ein prägender Teil einer Mannschaft zu sein, die von mir profitiert und mit der ich einen würdevollen Abschluss zustande brächte. Der negative Schlussstrich unter meine Ägide bei der belgischen Equipe, nun das hoffnungslose Unterfangen in Frankeich – das, so wusste ich jetzt, würde mir so eine Chance nicht bieten. So forcierte ich, im Herbst 2019, dass mein Team eine Pressemitteilung rausgab. Alle sollten wissen, dass ich vor der Saison 2020 wieder auf dem Markt war. Diese Gelegenheit musste ich mir selbst schaffen. Das Management von Arkea-Samsic war zunächst nicht begeistert, aber irgendwann sahen sie ein, dass ich meine Chance woanders suchen musste. Ich war dankbar. Es folgten Angebote, unter anderem vom aufstrebenden Team um Mathieu van der Poel. Aber ich wählte eine andere Mannschaft, die seit einigen Jahren mit großen Ambitionen auf sich aufmerksam machte und nun auf den letzten Metern vor der Saison 2020 die Lizenz für die World Tour, die höchste Liga unseres Sports, verliehen bekommen hatte: das Team Israel Startup Nation.

***

Ich war beeindruckt von dieser Equipe, von den Leuten dahinter. Sylvan Adams, der Milliardär aus Tel Aviv, der selbst ein erfolgreicher Rennradfahrer ist und für diesen Sport brennt, der aber auch Israel als multikulturellen, weltoffenen Staat präsentieren möchte und dafür dieses Team mit viel Geld unterstützt. Mir gefiel diese Präsenz, und mich persönlich reizte auch die Herausforderung, nicht nur etwas Neues mit aufzubauen, sondern dabei auch als Deutscher in einer besonderen Rolle zu stecken.

Eines unserer ersten Team-Trainingslager fand im Dezember 2019 in Israel statt. Ich hatte Ehrfurcht davor. Nicht so sehr wegen der sportlichen Aufgabe, sondern wegen der Agenda. Wir waren als Fahrer mit der Presse zusammen unterwegs im Land, da blieb nicht viel Zeit für Training, sondern viel mehr ging es darum, Israel zu präsentieren – aber auch für uns Athleten, ein Gefühl für diese Nation zu entwickeln. Termin folgte auf Termin, wir hetzten durchs Land. Ich staunte über Israel, schnell war ich überfrachtet mit Eindrücken, zwischen unserem Hotel mit Blick auf die sanfte Dünung des Mittelmeers und den schroffen Felsen der Wüste im Süden des Landes. Wir bauten, als Teambuildingmaßnahme, eine Radcrossstrecke für israelische Schüler und es war erstaunlich, mit wie viel Eifer und Fleiß wir in kurzer Zeit etwas zustande brachten, das den Jugendlichen Spaß bereiten würde.

***

An einem Abend stand eine Gartenparty an. Aber das war jetzt wirklich zu krass für mich, das konnte ich kaum aushalten. Denn noch wenige Stunden zuvor war ich an einem Ort gewesen, an dem wir Menschen auf die schlimmste Facette unserer Geschichte konfrontiert werden, an dem ich auch als Deutscher nicht nur besonders auf die Ausstellung, sondern in mich hineinschaute: Die Rede ist von Yad Vashem, der Erinnerungsstätte in Jerusalem. Hier tritt der Horror vor Augen, das Leid der Opfer der Shoah.

Ich war immer an Geschichte interessiert. Die Verbrechen unseres Volkes habe ich nicht nur gekannt, sondern sie waren mir immer sehr bewusst, so etwas darf von Deutschland nie wieder ausgehen – diese Einstellung steckt tief in mir. Auf der anderen Seite bin ich ein junger Mann aus Deutschland, einer, der wenig wusste über die konkreten Probleme und Einstellungen, die Israelis und Deutsche heute miteinander verbinden oder auch trennen. Ich hatte erwartet, dass ich in Israel kritisch beäugt werde, doch das war gar nicht so. Im Gegenteil, die Menschen dort waren offen und freundlich, zugänglich zu mir, dem blonden Norddeutschen.

In Yad Vashem war ich überwältigt. Wir waren nur kurz an diesem Ort, zu kurz für mich, um wirklich zu begreifen, was ich sah. Ich muss dort nochmal hin, das habe ich mir sofort gesagt, überhaupt muss ich nochmal nach Israel, wenn mehr Zeit ist in meinem Leben. Man braucht diese Zeit, um die Dinge an sich heranzulassen und sie auch aufzunehmen.

***

Das Jahr 2020 sollte ein Aufbruch für mich werden. Rick Zabel und Nils Politt fuhren im gleichen Team, und die Organisation war mir vertraut. Ich mochte das offensive Auftreten der Mannschaft und die Chance, bei den großen Rennen wieder gesetzt zu sein. Die sportliche Leitung war auch von mir beeindruckt, weil ich mir ein Programm wünschte, wie ich es damals mit Lotto so erfolgreich aufgezogen hatte, mit Auftakt in Australien.

Doch statt eines Aufbruchs folgte 2020 ein großer Krampf.

***

Als ich an einem windigen Dienstagmorgen im Februar westlich von Köln auf den Asphalt knallte, mit meiner Schulter und dann meinem Kopf gegen einen Begrenzungsstein, da kam mir schon dieser Gedanke hoch. Der Gedanke, der immer wieder da war in dieser letzten Zeit meiner Laufbahn: Das war es jetzt. Das schaffst du nicht mehr, da kannst du es gleich sein lassen. Ich war von einer Windböe aus dem Gleichgewicht gebracht worden, das Sturmtief Sabine am Tag davor hatte noch einiges an Luftmassen in Petto und ich war mal wieder auf die Problemschulter gestürzt. Ich kugelte mir die Schulter zwar selbst wieder ein, fuhr auch nach Hause – aber bald darauf war klar, dass ich wieder operiert werden musste. Das Schulterdach war gebrochen, ich konnte das Gelenk nicht mehr bewegen. Die Saison, in der ich mich nochmal beweisen wollte, war eigentlich schon vorbei. Ich war bald 38 und man muss realistisch sein.

***

Dann kam Corona. Zuerst dachte ich an eine Chance. Ich hatte, wie wir guten Sportler es tun, auch diesen Rückschlag wieder gegen Aktionismus eingetauscht. Zwei Wochen nach dem Sturz saß ich auf der Rolle. Ich machte Physiotherapie. Ich kämpfte für mein Comeback. Zuerst dachte ich: Die Pandemie gibt mir Zeit, denn ab Mitte März war es vorbei mit den Rennen. Der Radsport ging über in einen reinen Trainingsmodus und ich gab alles, um nach dieser erzwungenen Pause wieder dabei zu sein. Die Tour war mein Ziel, obwohl niemand wusste, ob sie überhaupt jemals losrollen würde.

Es dauerte tatsächlich bis Ende Juni, dass ich meine Schulter wieder richtig bewegen konnte. Ich arbeitete hart. Zweimal war ich in Bayern bei Hans Friedl, mit dem ich bei solchen Problemen schon seit Teenie-Zeiten zusammenarbeite, wir ackerten drei Tage, was einen enormen Fortschritt für meine Beweglichkeit brachte. Kurz danach konnte ich tatsächlich wieder in der Ostsee kraulen. Ich war guter Dinge. Ich malochte noch mehr, machte drei, manchmal vier Stunden Reha-Übungen am Tag, fuhr vier bis fünf Stunden Rad.

Als die Saison dann endlich wieder losging, war ich längst ausgebrannt.

***

Es war für die Menschheit ein schwieriges Jahr. Für mich war 2020 ganz sicher eines der schwierigsten, auf eine zermürbende Weise. Der Versuch eines guten Abgangs misslang völlig. Bei der Vorbereitung zur Tour de France fühlte ich mir wie ein Boxer, der dem Sparringspartner nicht gewachsen ist und zu Boden geht. 2020 war ein Jahr, in dem der Radsport anders war. Als die Rennen endlich gefahren wurden, war die Fahrweise unglaublich aggressiv, niemand wollte mehr warten, gerade junge Fahrer machten alle Rennen zur Tortur.

Ich fuhr nach Frankreich, meine Form – das zeigten die Leistungswerte – war eigentlich gut. Aber der Kopf war nicht in Ordnung und dann kam, was kommen musste. Auf der ersten Etappe stürzte ich auf der glitschigen Zielanfahrt und riss mir das Knie auf. Unsere Teamärzte wollten mich eigentlich rausnehmen, doch am nächsten Tag fuhr ich wieder mit. Im Laufe der ersten Woche schwoll die Wunde an, das Knie entzündete sich, ich nahm Antibiotika, die mir auf den Magen schlugen. In den Pyrenäen bekam ich Durchfall und konnte mich nur mit viel Mühe bis ins Ziel retten. Nach dem ersten Ruhetag, auf den ich gehofft hatte, fühlte ich mich plötzlich gut. Ich war zum ersten Mal seit vielen Monaten wieder ein prägender Teil des Rennens, es gab Windkante und Sprint, ich wurde Sechster auf der Île-de-Ré. Na siehste, geht doch, dachte ich mir.

Doch am Tag danach knallte mein Körper mir das alles wieder um die Ohren. Es war meine zehnte Tour de France, es war sicherlich die erbarmungsloseste unter meinen Teilnahmen. Ein Infekt brach aus, ich bekam Fieber. Ich glaube, dass mein Körper so viel zu kämpfen hatte in diesen Wochen, dass er einfach Stop sagte. Ich rackerte natürlich weiter, aber oben am Col de la Loze, da wusste ich, dass es vorbei war.

***

Ich hatte keine Lust mehr. Ganz einfach. Am Kemmelberg in Flandern hatte ich die Nase voll. Den Klassiker Gent-Wevelgem im Herbst, in diesem irren Jahr, das war nichts mehr für mich und ich konnte nicht mehr. Ich gab meinen Teamkollegen mitten im Rennen Bescheid: Schluss jetzt, ich höre auf. Drei Tage später musste ich noch den Scheldepreis mitfahren, doch dann ließ mein Team mich in Ruhe. Ich war bedient, nach dieser Saison auch verzweifelt – die Lust war weg und die Hoffnung auch. Das Team hatte mit Chris Froome einen Mann verpflichtet, um den im kommenden Jahr ganz sicher alles kreisen würde, damit schminkte ich auch meine Hoffnungen ab, noch ein elftes Mal zur Tour zu fahren, in besserer Verfassung als 2020. Das war es für mich.

***

Ich packe meinen Koffer. Es ist Montag in der vorletzten Woche im Juni 2021, es fisselt ein bisschen, ich mache Besorgungen in Köln. Übermorgen geht es nach Frankreich. Wieder zur Tour. Damit hätte ich nicht mehr gerechnet, aber gearbeitet habe ich wieder hart dafür. Es ist die Chance, meine Karriere ordentlich zu beenden. Ich bin bereit, aufgeräumt. Ich will an den Start.

***

Ich hatte zwar vor der Saison einen neuen Zweijahresvertag mit Israel Startup Nation unterschrieben, aber ich stellte jetzt meine eigene Story in den Vordergrund. Mein Ziel war es, den Radsport mit einem ordentlichen Auftritt auf der großen Bühne zu verlassen. Danach sollte es gut sein, das war mir im Laufe der letzten Monate in den Gesprächen mit Tina klargeworden. Aber diese Chance wollte ich noch wahrnehmen.

Es war ein Kampf und es war der Versuch, aus dem Schatten zurück ins Licht zu kommen. Wegen Froomes Tour-Ambitionen, der im Team den Fokus veränderte, hoffte und plante ich für eine letzte Teilnahme am Giro d'Italia. Ich bereitete mich so entschlossen vor wie eh und je, vielleicht noch ein bisschen konzentrierter. Kraft und Koordination, das war mein Schlüssel. Ich war bereit, in meinem Team eine neue Rolle zu spielen, aber messen würde man mich auch weiterhin an Siegen.

***

Es ist erstaunlich: Das Team baut wirklich etwas Neues auf, und ich bin mittendrin. Israel Startup Nation setzte am Anfang der Saison auf einen Sprintzug, der sich einspielen sollte. Wir definierten das im Team als Projekt: bereit sein, eine starke Präsenz bis zur Zielgeraden zu bringen – und ich bringe meine Erfahrung aus nun anderthalb Jahrzehnten in ebendiesem Geschehen ein. Wir feilten an der Abstimmung und die Reihenfolge sollte wie folgt aussehen: Guy Sagiv fährt lange vorn, dann übernimmt Alex Dowsett, dann Matthias Brändle, als Vorletzter ist Davide Cimolai dran und als letzter Fahrer, bis kurz vor der letzten Beschleunigung: Rick Zabel. Mit Rick, der so viel jünger ist als ich, habe ich im Laufe der letzten Jahre Freundschaft geschlossen. Wir trainieren viel zusammen daheim in Köln, wir kennen einander gut. Im Teamhotel sind wir meistens zusammen im Zimmer – und das ist schon ein bisschen merkwürdig, denn es war ja Ricks Vater Erik, gegen den ich am Anfang meiner Karriere noch um die Wette gesprintet bin. Man muss das erstmal kapieren, dass man mit dem Sohn eines früheren Rivalen zusammen um Positionen im Feld kämpft und um den Sieg fährt, als gemeinsames Projekt. Aber mit Rick klappt es super und das Team leistet wirklich gute Arbeit. Bis zur Türkei-Rundfahrt im April hatten wir wirklich einen guten Sprintzug aufgebaut.

***

Noch so ein Tiefschlag. In der Türkei haben wir mit Israel Start-up Nation tatsächlich den erhofft starken Auftritt hingelegt, der Sprintzug hat das Feld an vielen Tagen dominiert, man schüttelte die Köpfe über die Geschlossenheit, mit der wir kurz vor Ziel das Geschehen kontrollierten. Ich bin dreimal aufs Treppchen gefahren, aber eben nicht ganz nach vorne. Mark Cavendish, mein alter Rivale, hatte uns die Show gestohlen. Er hat sich an uns drangehängt, hat meiner Stärke vertraut und dann die entscheidenden Zentimeter gegen mich gutgemacht. Cav war der strahlende Sieger, zurückgekommen nach jahrelanger Tristesse. Ich freute mich für ihn, wurde aber, so kam es in den Medien rüber, als der alternde Sprinter dargestellt, der den letzten Punch nicht mehr setzen kann. Ich freute mich wirklich für Cav, einen solchen Champion unseres Sports. Ich wusste auch, warum ich nicht gewonnen hatte: Mir hatte der erste Antritt gefehlt, aber ich war mir sicher, dass ich den bis zum Giro wieder finden würde. Alle meine Werte waren so stark wie zu meinen besten Zeiten, es gab keinen Grund, warum ich gegen Cav oder die aufstrebenden Sprinter nicht auch gewinnen sollte. Ein paarmal die Abläufe üben, da war ich mir sicher, die Verbindung zwischen Hirn und Muskel einstudieren, dann wäre ich beim Giro gut unterwegs. Doch das Team sagte Nein: Ohne Sieg kein Giro. Die Arbeit mit dem Sprintzug war umsonst gewesen, und das Projekt lag, trotz guter Ergebnisse, auf Eis. Der Traum von meinem letzten großen Rennen schien geplatzt. Wieder fühlte ich mich leer.

***

Ich gewinne. Zweimal in kurzer Zeit. Ich gewinne bei der Trofeo Alcudia-Port d'Alcudia auf Mallorca, Mitte Mai. Wir sind mit dem B-Team unterwegs, noch dazu habe ich um mich herum vor allem Fahrer, denen ich noch die Basics erläutern muss. Ich erkläre ihnen, worauf sie beim Frühstück achten und was sie im Rennen tun müssen. Ich siege, zum ersten Mal seit mehr als zwei Jahren.

Ich gewinne nochmal, in Andalusien, bei der Ruta del Sol. Es bietet sich dort nur eine Sprintchance – und ich setze mich mit viel Kraft vor Álvaro Hodeg, Mads Pedersen und Aleksander Kristoff durch. Mehr als der Sieg fühlt sich der Weg dorthin an wie ein Triumph, die Rolle, die ich im Team hatte, die harte Arbeit allein und in der zusammenwachsenden Auswahl – das Nichtaufgegebenhaben. Die Bestätigung, dass es sich doch nochmal gelohnt hat.

Ich hatte zwei Chancen auf einen Sieg – beide habe ich genutzt. Ich stand auf der langen Vorauswahl für die Tour de France, jetzt bin ich gesetzt. Es ist die Genugtuung, nach der ich gesucht habe. Die Chance, mit erhobenem Haupt aus dem Windschatten meiner Profilaufbahn auszusteigen.

Das ist es noch nicht gewesen. Ich will noch einmal. Ein Kapitel muss noch geschrieben werden.

Mindestens.

Ein Blick hinter die Kulissen (von Tina Greipel)

Die Tour de France läuft. Es ist eigenartig, denn auf der einen Seite ist die Tour seit so vielen Jahren das wichtigste Ereignis in unserem Leben – und auf der anderen doch wieder nicht. Ich bin mit unseren Kindern zu Hause in Hürth, während André durch Frankreich fährt. Die Tour läuft im Fernsehen und wir schauen es uns sooft an, wie es uns möglich ist, aber ganz oft haben wir keine Zeit dafür. Denn es gibt eben auch Wichtigeres für uns, je nachdem, aus welcher Perspektive man es betrachtet. Während das Rennen auf ein Sprintfinale hinausläuft, packen wir unsere Sachen. Eine Tanzaufführung steht an für Anna und Luna – das ist *unser* wichtigster Programmpunkt an diesem Tag im Juli.

***

Das Leben, das wir führen, spielt sich in zwei verschiedenen Welten ab. Wenn André unterwegs ist, taucht er in eine stressige Welt ein, die ich im Laufe der Jahre auch immer genauer kennengelernt habe. Deshalb weiß ich, wie es dort zugeht: Es sind Tage oder Wochen, in denen es kaum freie Minuten für ihn gibt, von morgens bis abends steht er unter Strom, ist mit seinem Team bei den Rennen und hat seine Pflichten zu erfüllen, die ihn völlig beanspruchen.

Die andere Welt, in der sich der Rest unserer Familie aufhält, ist das Leben daheim in Hürth: Hier kümmere ich mich um unsere beiden Töchter und um unseren Malteser Prinz, den André mir 2008 geschenkt hat und der seitdem immer an unserer Seite ist.

Ich kümmere mich um Haushalt, den Garten, die Verpflichtungen des täglichen Lebens und um die geschäftlichen Dinge, die neben einer Profikarriere anfallen: Verträge, Honorare, Abschlüsse. Es ist ein Leben, in dem ich ebenfalls oft genug von morgens bis abends unter Strom stehe, weil ich für unsere Kinder das Beste erreichen und für unsere Familie dafür sorgen möchte, dass dauerhaft alles geordnet abläuft. Während André zur Tour fährt, fiebere ich dem letzten Schultag entgegen. Unsere Kleine bekommt ihr erstes Jahreszeugnis auf der weiterführenden Schule und auch für Anna ist es ein neuer Schritt unter schwierigen Bedingungen. Die Einführungsphase der Oberstufe auf der Gesamtschule liegt hinter ihr und ich bin stolz darauf, wie gut wir die Zeit im Distanzunterricht verbracht haben. Es war harte Arbeit, aber wir haben es geschafft. Das hat viel Energie gekostet, aber es hat sich gelohnt. Das sind die Themen, mit denen ich Tag für Tag beschäftigt bin. Eine andere Welt als der Profisport – aber doch im selben Universum. Wir können zumindest miteinander sprechen und es gibt Schnittstellen zwischen beiden Welten.

***

Ich habe im Laufe der Jahre gelernt, mich anzupassen und zurückzunehmen, wo es nötig ist. Früher, als André und ich uns gerade kennengelernt haben, da gab es schon öfter mal Streit. Das hatte damit zu tun, dass wir diese unterschiedlichen Leben lebten und viel zu wenig Zeit hatten, uns aufeinander einzulassen. Wenn mir etwas nicht passte und ich es ansprach, konnte es durchaus knallen. Das hatte gar nichts damit zu tun, dass wir uns grundsätzlich nicht verstanden, sondern viel mehr damit, dass wir einfach zu wenig Zeit miteinander verbrachten.

Das wollte ich ändern. Ich wollte mehr bei André sein und verstehen, wie sein Leben abläuft. Als Anna noch klein war, bin ich deshalb so viel wie möglich in Andrés Welt eingetaucht. Wir reisten mit ihm ins Trainingslager nach Mallorca, wir fuhren auch zu vielen Rennen. Ich erlebte das Leben des Profisportlers aus nächster Nähe und das hat mir sehr geholfen zu verstehen, dass ich mich zurücknehmen muss. Anders geht es nicht, denn wir haben uns auf ein gemeinsames Projekt eingelassen, von dem wir schließlich nicht schlecht leben. Wenn André seiner Passion nachgeht, darf ich ihn nicht ablenken.

Es war schön in den ersten Jahren als kleine Familie auf diese Weise zusammen auch in Andrés Welt einzutauchen, im Ausland dabei zu sein, wenn es um Ruhm und Erfolg ging. Die Eindrücke zu sammeln, dazuzugehören in einem Team. Aber das ging natürlich irgendwann nicht mehr. Als Anna Sophia im Kindergarten war, da habe ich mir noch diese Freiheit nehmen können, aber spätestens mit der Einschulung war klar, dass ich für unsere eine Welt zuständig war und André mehr als die Hälfte des Jahres in der anderen verbrachte.

***

Ich habe meine Rolle: die Rolle der Frau eines sehr erfolgreichen Profisportlers. Und mit dieser Rolle habe ich mich abgefunden, ich habe sie inzwischen akzeptiert, auch wenn ich zwischendurch manche Krise hatte deshalb. Am Anfang gab es viele Entscheidungen, die mir das Leben schwergemacht haben, in denen ich auch litt. Es war wahrscheinlich die schwierigste Entscheidung überhaupt, nach Hürth zu ziehen damals, weg von unseren Familien an der Ostsee, von den Freunden und aus dem bekannten Umfeld. Es dauerte einige Jahre, bis ich wirklich angekommen bin im Rheinland – es war eine Phase, in der ich viel mit mir selbst ausmachen musste. André hat mir damals dargelegt, warum der Umzug aus sportlichen Gründen sinnvoll war. Ich ließ mich darauf ein und bis zum Tag unseres

Umzugs war mir gar nicht klar, wie groß dieser Sprung war. Aber dann war es so: ein Leben, in dem ich dafür zu sorgen hatte, dass unsere Familie funktioniert und unser Haus in Ordnung ist. Ein Leben in der Verantwortung, gewissermaßen in einer traditionellen Rolle: Haushalt und Kinder, obwohl ich auch immer gern gearbeitet habe. Anfangs war das in Hürth besonders ausgeprägt, weil ich bis auf Familie Grabsch niemanden dort kannte und viel auf mich gestellt war.

***

Es gibt einen Abend in unserem Leben, an den muss ich immer wieder denken. Das war 2005, André und ich saßen mit Olaf Albrecht zusammen, Andrés Manager. Olaf ist ein enger Vertrauter seit damals, jemand, der das große Ganze sieht. Er saß vor uns mit einem Plan, über den ich zunächst lachte, weil ich es nicht glauben konnte, dann sogar weinte, weil ich irgendwie wütend war. Meinst du das ernst? Das habe ich zu Olaf gesagt, weil die Welt des Profisports mir damals so illusorisch vorkam. So würde es niemals kommen, dachte ich. Olaf hatte aufgezeichnet, wie sich binnen zehn Jahren eine lukrative Karriere entwickeln konnte, von der nicht nur André profitieren sollte, sondern wir als Familie mit unseren beiden Kindern. Wir hatten damals nicht viel Geld. Es reichte, um die Rechnungen zu bezahlen, aber nicht für Rücklagen. Ich konnte nicht glauben, welche Luftschlösser uns Olaf da vorzeichnete. Heute weiß ich, dass er recht hatte. Und dass ich dafür ebenfalls hart gearbeitet und davon profitiert habe.

***

Je mehr Andrés in sportlicher Hinsicht Erfolg hatte, desto mehr war ich Teil des Projekts. Ich fieberte mit, von Sieg zu Sieg, ich jubelte mit ihm und ganz oft auch mit den Freundinnen, mit denen ich abends nach einem wichtigen Sieg noch zu Hause auf André anstieß. Sieg für Sieg, Schritt für Schritt änderte sich mein Leben. Der Glaube wuchs, die eigenen Ambitionen schrumpften.

Ich weiß nicht genau, wann es so weit war, aber es kam irgendwann der Punkt, an dem ich eben die Frau des Profis war – Spielerfrau, quasi. Und damit war besiegelt, was ich in all den Jahren nicht mehr machen würde. Beruflich durchstarten etwa, was mir gut gefallen hätte. Oder zu Hause auch nur die ganzen Bücher lesen, die ich gern lesen würde. Mir fehlte die Kraft, die Energie dafür und eben auch der Freiraum.

Ich nahm meine Ansprüche zurück, meine Emotionen. Wenn André unterwegs ist, das lernte ich irgendwann, dann kann ich ihn nicht mit strittigen Themen belasten. Früher gab es mal Unmut am Telefon, heute ist das nicht mehr so. Wenn ich etwas habe, das mich an ihm ärgert oder das ich mit André diskutieren muss, dann warte ich, bis ich ihn vor mir habe. Allerdings geht das auch nicht direkt, wenn er von einem Rennen oder Trainingslager durch die Tür kommt. Ich weiß, dass ich ihm Zeit lassen muss. Denn wenn er aus jener anderen Welt kommt, mit all ihren Eindrücken und all ihren Emotionen, dann ist erstmal ein Übergang nötig. Diese Zeit fungiert wie eine Schleuse, es dauert ein, zwei Tage, bis er dann richtig bei uns ist und auch Aufgaben übernehmen kann.

Es war nach einer solchen Übergangssituation, dass André mich davon abbrachte, auch neben Familie beruflich tätig zu sein. Denn das hätte bedeutet, dass ich in den wenigen Tagen, die er zu Hause in Hürth war, meistens im Büro gewesen wäre. Dann hätten wir kaum noch Zeit zu zweit gehabt und das wollte André nicht. Ihm liegt unsere Beziehung sehr am Herzen und ich sah das auch ein – denn so gern ich mich beruflich bewährt, mein eigenes Geld verdient hätte, so viel wichtiger ist mir doch unsere Beziehung und unsere Familie, die auch ihre gemeinsame Zeit braucht. Zweimal habe ich versucht, Beruf und unser Leben zu kombinieren, und es hat mir Spaß gemacht. Einmal war es in Sebastian Webers Leistungszentrum, einmal in einem E-Bike-Laden, den André und ich mit zwei Partnern aufzogen. Doch beide Male machte mir die Arbeit so viel Spaß, dass ich immer mehr übernahm – und am Ende dann eben sehr viel Zeit für den Beruf nötig gewesen wäre. Aber ich hatte eine andere Verantwortung: dass André, die beiden Mädels und ich gut zusammenleben. In den vergangenen Jahren bin ich deshalb zur Einsicht gekommen, dass ich manchen Plan begraben muss, zumindest vorläufig, damit wir alle ein glückliches Leben führen.

***

Ich blicke in die Zukunft, André lebt eher im Moment. Ich bin die Aufgeräumte von uns beiden, er ist der Chaot. Ich mache Listen und Konzepte, er trainiert nach Plan. Meine Struktur kommt ihm zugute, aber er braucht auch immer eine Weile, um sich darauf einzulassen. Im Grunde war das immer schon so, seit wir uns in der Ausbildung kennenlernten. Damals machte er seine Arbeit halbherzig, schaute die ganze Zeit auf die Uhr und sehnte herbei, endlich aufs Rad steigen zu können und zu trainieren. Was er nicht schaffte, erledigte ich für ihn. Es war eine Hassliebe, das kann ich so sagen, aber die Liebe überwog bald. Bis heute ist aber dieses Muster geblieben: Ich sorge für die Ordnung, leite die nächsten Schritte ein, während André, der Ehrgeizige, sich voll dem aktuellen Ziel widmet. Es hat lange gedauert, ihn endlich dazu zu bewegen, über das Ende seiner Karriere nachzudenken. Irgendwann muss man sich aber ja doch überlegen, wie es weitergehen soll. Es hat mich deshalb gefreut, dass er im Frühling 2021 endlich bereit war, mit mir darüber zu reden und in die Planung für unsere neue Lebensphase einzusteigen.

***

In dieser neuen Lebensphase werde ich ihn unterstützen, das ist ganz sicher, werde ihm helfen müssen, eine Aufgabe zu finden. Ich habe das bis heute getan, ihn auch immer wieder aufgebaut, wenn es ihm nicht gutging. Ich habe Videos von Andrés schönsten Siegen zusammengeschnitten und mit Musik unterlegt, sie ihm zugeschickt, um ihn in schwierigen Situationen aufzumuntern. Ich habe mir oft Sorgen um André gemacht, habe versucht, ihn aufzubauen, als es ihm schlecht ging. Damals, als er zu Arkea-Samsic gewechselt ist, war das bitter nötig. Nachdem wir diese schönen Jahre bei Lotto verbracht hatten, wo alles so familiär zuging und die Betreuer schon wussten, was unsere Kinder gerne tranken – da war diese neue Zeit bei den Franzosen für André einfach kaum zu ertragen. Er kannte niemanden dort, er hatte keinen Bezug zu diesem Umfeld und es war nicht einfach mitanzusehen, wie er sich durch dieses Jahr quälte. Ich war es auch, die ihm sagte, dass er dieses Abenteuer möglichst schnell beenden musste. Aber bereit für den Abgang aus dem Profizirkus war er noch nicht, so viel stand fest. Es hätte mir leidgetan für ihn, wenn er auf diese Weise aus dem Sport ausgestiegen wäre.

Aufbauarbeit, aber manchmal auch einen Weckruf, klare Worte, all das braucht er. Ich bin mir ziemlich sicher, dass er manches Mal in einer miesen Stimmung versunken wäre, wenn ich ihn in seinen negativen Phasen nicht aufgerüttelt hätte. Sein Ehrgeiz ist so groß, dass er bei einer Enttäuschung in ein sehr tiefes Loch fällt. Es ist viel Empathie und Taktgefühl nötig, um André im richtigen Moment zu erreichen.

Und so werde ich ihm auch, das sehe ich so vor mir, bei seiner neuen Rolle helfen. Ich glaube, wir werden viel Zeit miteinander verbringen. Er wird ganz sicher nicht den Haushalt schmeißen, sondern Stück für Stück in seine neue Rolle wachsen müssen. Er wird auch den Radsport weiter brauchen, aber dosiert, mit wenigen beruflichen Einsätzen – aber er wird Kontakt zu jener Welt halten, die ihm so viel bedeutet. Wir müssen das geduldig aufbauen und ich freue mich auf diesen Übergang.

Ich bin froh, wenn es bald vorbei ist. Ich bin froh, wenn André sich nicht mehr täglich der Gefahr der Rennen aussetzen muss. Wie oft habe ich schon auf den Anruf von Raoul gewartet, der mit Entwarnung gab, nachdem André gestürzt war. Noch bei dieser letzten Tour de France konnte ich es kaum aushalten. Wir waren bei einer Freundin, sie hatten trotz einer verspätet abgehaltenen Kommunionsfeier für uns den Fernseher eingeschaltet und ich sah nur, wie André auf der ersten Etappe in einen Massensturz verwickelt war. Das ist wirklich das Schlimmste in unserem Leben: diese konstante Gefahr, die immer mitfährt, und die Momente, in denen wir bangen müssen.

***

Die Bilder werden bleiben, in unserem Haus und in unseren Köpfen. Wahrscheinlich werden unsere Töchter auch die Bilder mitnehmen, wo auch immer es sie irgendwann ziehen wird. Vor allem das eine, das entstand, als André mit Luna und Anna auf dem Podium in Paris stand – ein überwältigender Moment für uns alle. Das sind Bilder, die wir nicht mehr aus dem Kopf bekommen. Was dahintersteckt, ist unbeschreiblich aufwühlend. Es hängt auch ein anderes Bild bei uns im Haus: der Moment, als André beim Giro den Etappensieg vor Mark Cavendish feiert, seinen ersten Triumph bei einer der drei großen Rundfahrten. André hat viel in sich hineingefressen, er macht kein großes Thema aus dieser Rivalität, die doch sein Leben geprägt hat. Aber ich kann sagen, dass ich mir dieses Bild immer wieder gern anschaue und mich mit André freue. Und dass ich mich natürlich ärgere, wenn André nicht gewinnt und Mark eben schon. Aber natürlich ist Mark ein großer Sprinter, das hat er bewiesen, auch wenn es uns eben manchmal auch nicht gefallen hat, dass er in der Tour-Auswahl damals beim gemeinsamen Team oder auf der Zielgeraden später die Nase vorn hatte.

***

»Was machen wir eigentlich nächstes Jahr?«

Diese Frage hat André mir im Frühling 2021 gestellt. Da habe ich gemerkt, dass es so weit ist, dass ein Kapitel in unserem Leben zu Ende geht. Neue Möglichkeiten eröffnen sich. Andrés Karriere läuft aus, und wir alle werden unseren Teil dazu beigetragen haben.

Wir hatten einen Vorgeschmack auf das neue Kapitel in unserem Leben, wie es nach der aktiven Karriere sein wird. Die ersten Monate unter Corona-Bedingungen, als das Renngeschehen stillstand, waren wir als Familie viel mehr zusammen in einem Leben, wie es die meisten anderen Familien führen: sowohl morgens als auch abends haben wir Zeit miteinander verbracht. Es hat gut funktioniert und das macht mir Mut für die Zeit nach diesen sehr anstrengenden mehr als anderthalb Jahrzehnten, in denen wir uns meistens nicht im selben Raum aufhielten.

Die gemeinsame Zeit, das ist ein Geschenk. Für Anna und Luna war es immer wunderbar, wenn André nach der Saison zwei Wochen Herbsturlaub eingeräumt bekam. Zwei Wochen ohne Fahrrad, zwei Wochen irgendwo weit weg in der Ferne am Meer, Eis essen, Karten spielen, Einsiedlerkrebse um die Wette laufen lassen. Die Mädels hingen an ihm und ich hatte Zeit für meine

Bücher. Ich weiß, dass das ein Idealbild ist, dass es natürlich zu Hause viel mehr zu tun gibt. Aber ich freue mich darauf, dass André mehr bei seinen Töchtern sein kann.

***

Wir haben vom Profisport profitiert. Wir führen ein privilegiertes Leben. Ich möchte mich nicht beklagen. Ich habe manches geopfert, aber viel mehr gewonnen in diesen Jahren. Wenn aber irgendwann eine unserer Töchter einen Freund vorstellen würde, und er wäre zufällig Profisportler, dann würde ich ziemlich sicher abraten. Das Leben, das ich seit bald 20 Jahren führe, ist ein gutes Leben. Aber es ist ein Leben, in dem ich mich unterordne. Für meine Töchter möchte ich das nicht. Und ganz ehrlich: Ich möchte auch nicht die Oma sein, die sich – wie meine Mutter – all die Jahre um ihre Tochter und deren Nachwuchs kümmern muss, wenn ihr Schwiegersohn mal wieder auf der Jagd nach Trophäen ist. Ich freue mich, wenn André, die Kinder und ich aus dem Windschatten der Karriere treten können und einfach nur leben.

Epilog

Während ich in Frankreich im Sommer 2021 meine letzte Tour de France gefahren bin, meine insgesamt elfte, zehn Jahre nach meinem ersten, schwierigen Start ganz im Westen Frankreichs, habe ich noch einmal über den Prolog zu diesem Buch nachgedacht. Der perfekte Sprint, wie ich ihn da beschreibe, ist ein prägendes Erlebnis für mich und meine Karriere. Ich lese die Zeilen und freue mich immer wieder, ich kann den Sog meines Sprintzugs spüren und auch beim Lesen bin ich voll drin. Es ist ein Erlebnis, das ich bei meiner letzten Tour nicht mehr erfahren werde. Jetzt ist es wirklich meine letzte Tour, aber einen Sprintzug für mich wird es nicht geben. Meine elfte Tour ist meine Abschlusstour – ich weiß das schon, als ich zum Team nach Frankreich reise. Aber der Teamleitung sage ich es erst im Laufe der Rundfahrt, und am Tag vor dem Finale in Paris verbreitet Israel Startup Nation die Nachricht in der Radsportwelt. Es ist ein großes Thema, weit über die Spezialmedien hinaus: Meine Karriere wird enden und mir wird viel Anerkennung zuteil, das ist ein schönes Gefühl.

Die Tour-Teilnahme ist wie ein Geschenk für mich. Der Frust über die Nicht-Einladung beim Giro war groß, denn auch nach all diesen Jahren habe ich einen ausgeprägten Ehrgeiz. Das Sprintprojekt, das wir im neuen Team gut aufgezogen hatten, war wirklich konkurrenzfähig. Dass ich dann aber, nach dem Tiefschlag mit der Nicht-Einladung nach Italien, doch nochmal zum wichtigsten Rennen der Welt reisen würde: Das war ein Bonus. Es war auch der willkommene Anlass, einen Schlussstrich zu ziehen.

Ich war seit vielen Jahren bereit, meine Rolle zu überdenken, mich als Road Captain und Helfer in den Dienst anderer Kapitäne zu stellen. Bei Lotto hatte ich diese Chance nicht bekommen und daher hat es mich gefreut, dass mein israelisches Team mir diese Option tatsächlich eröffnet hat. In den Wochen vor der Tour war dann auch ein ausschlaggebender Punkt, dass Michael Woods, unser stärkster Rundfahrer und Bergkandidat, meine Teilnahme gewünscht hatte. Er wollte mich dabeihaben, weil ich weiß, wie man Fahrer in Position bringt und sich im Getöse des Feldes beim hektischsten Radrennen der Welt behauptet.

Leider konnte ich Michael gleich auf der ersten Etappe nicht so sehr schützen, wie ich das gern getan hätte. Diese Etappe und überhaupt die ersten drei Tage der Tour de France waren nichts anderes als ein Desaster. So sehr ich mich über die Teilnahme gefreut hatte, so sehr rückte die Verärgerung über die Organisatoren in den Vordergrund. Man hatte uns, die wir alle übermotiviert an den Start dieses Rennens gingen, auf winzige Straßen in der Bretagne geschickt, was fast einem Himmelfahrtskommando glich – sie waren viel zu schmal für das Feld als auch unseren Ehrgeiz. Man weiß ja, dass die Tour diese Bilder liebt und diese Hektik auch provoziert, aber das war einfach zu viel. Vor allem, wenn dann auch noch Zuschauer ins Rennen eingreifen, wie die inzwischen berühmt-berüchtigte Frau mit ihrem Pappschild, die Tony Martin von der Straße fegte und mit ihm das gesamte Fahrerfeld. Es war der erste heftige Sturz an diesem Tag. Ich hatte ein Problem mit der Kette und Michael war irgendwo hinter mir. Mein Job war es ja, ihn zu beschützen, also wartete ich nach dem Sturz darauf, dass er von hinten – aus dem Getümmel der herumliegenden Fahrer und umhereilenden Mechaniker – zu mir kam. Ich wartete und wartete, doch er kam nicht. Es stellte sich heraus, dass er wieder auf dem Rad saß und schon an mir vorbei war. Während ich mit vollem Einsatz hinter dem Feld in die Pedale trat, um zu Michael aufzuschließen, rasten alle anderen schon wieder auf den nächsten Sturz zu. Michael flog wieder hin, auch ich landete im Graben.

Das hing mir nach, denn ich hatte das Gefühl, dass ich ihn hätte besser schützen müssen. So waren wir gleich zum Auftakt der Tour abgeschlagen – und ich hatte einen gehörigen Respekt vor diesen Straßenverhältnissen.

Es war Zeit für ein Zeichen. Auf der dritten Etappe, dem ersten klaren Sprinter-Tag, hatte ich nicht einmal Lust, ins Finale einzugreifen. Zu riskant war die Routenführung. Deshalb diskutierte ich abends zwei Stunden lang in der WhatsApp-Gruppe der Tour-Teilnehmer mit, weil ich dieses Zeichen setzen wollte. Wir mussten zeigen, dass man mit uns Fahrern nicht alles machen kann. Es war aber schwer, die Fahrer für eine gemeinsam Aktion zu gewinnen. Es gab dann den Plan, dass wir als Feld auf der vierten Etappe bei Kilometer 0 anhalten, eine Art Mini-Streik. Doch nichts dergleichen geschah und so fuhr ich ganz nach vorne und drängte darauf, dass das Feld anhielt. Man muss manchmal Eier in der Hose haben und hier war jetzt der Zeitpunkt dafür. Schade, muss ich sagen, dass gerade jüngere Fahrer und auch der zeitweilige Träger des Gelben Trikots, Mathieu van der Poel, sich nicht vorne im Bild zeigten, als die Kameras unseren stummen Protest live in die Medienwelt schickten. Ich fand es wichtig, ein Zeichen zu setzen für mehr Sicherheit, sonst wird sich niemals etwas ändern. Der Streckenplaner der Tour entschuldigte sich bei mir, was mir wichtig war, in dem Moment. Überhaupt war es mir wichtig, bei dieser Tour eine möglichst präsente Figur zu machen und sie mit Bravour abzuschließen. Das war mir 2020 nicht gelungen und diesmal sollte es besser werden.

Ich denke gern an so manchen Moment zurück, der einen anderen André Greipel zeigt als im Jahr davor, aber auch einen anderen André Greipel als den »Gorilla«, der am Ziel abgeliefert wird. Wo es mir möglich war, habe ich das Rennen mit harter Arbeit beeinflusst. Auf der Etappe nach Tignes, bei der ersten Bergankunft dieser Tour, entschied ich mit, dass wir als Mannschaft das Geschehen zum Etappenstart kontrollieren mussten. Das war wirklich harte Arbeit – und bei grausamem Wetter, Kälte und Dauerregen musste ich hinterher dafür bezahlen. Ich quälte mich ins Ziel und hatte während der Etappe das einzige Mal bei dieser Tour mit der Karenzzeit zu kämpfen. Viele andere Sprinter schafften es übrigens nicht durch die erste Woche.

Einmal zeigte ich mich bei dieser Tour sogar in der Fluchtgruppe, was für mich eine neue Erfahrung war. Es war ein bisschen Kunst um der Kunst willen, denn natürlich war mein Vorstoß zum Scheitern verurteilt: Kein Radprofi von Verstand will jemanden wie mich, einen Sprinter, mit auf die Zielgerade nehmen. Außerdem war klar, dass ich am letzten Anstieg dieses Tages nicht schnell genug hinterherkommen würde. Dennoch war ich dabei, solange ich konnte, und zeigte ein Rennen, auf das ich im Nachhinein stolz bin. Der Weltmeister Julian Alaphilippe wurde mich nicht wirklich los. Allerdings setzten sich vorne drei Mann ab – unter ihnen mein Hürther Trainingskumpel Nils Politt. Er nutzte später allein seine Chance und siegte auf der 12. Etappe nach Nîmes. Als ich im Ziel war, habe ich sofort nachgefragt, ob Nils es geschafft hat. Er hat einen solchen Sieg wirklich verdient. Auch wenn wir in verschiedenen Teams sind, ist die Freude für einen Kameraden doch riesig. Das gehört doch auch zum Sport.

Ich hatte keinen Sprintzug bei dieser Tour. Ich hatte Rick Zabel an meiner Seite, der wirklich gute Arbeit gemacht hat. Aber wir waren eben alleine in diesem Getümmel, während ein anderer auftauchte wie aus dem Nichts. Mark Cavendish, mein alter Rivale, der erst kurz vor der Tour von seinem Team nominiert worden war. Mark, der noch vor Kurzem Rennen nicht zu Ende fuhr, war jetzt plötzlich der mit Abstand stärkste Sprinter mit dem mit Abstand besten Sprintzug. Caleb Ewan war ja schon auf der dritten Etappe verletzt ausgestiegen und ich wusste: Das wird Marks Show, da wird es wenig Chancen geben für mich. So kam es am

Ende auch. Mark gewann gleich viermal im Zielsprint und zog nach Etappensiegen bei der Tour de France mit dem größten Fahrer aller Zeiten, Eddy Merckx, gleich. Er wurde getragen von einer unfassbaren Form und einem Team, das ihm den roten Teppich auslegte. Cav ist auch ein Beispiel dafür, was möglich ist, wenn man professionell bleibt und an sich glaubt, dass das Alter dann nur noch eine Zahl ist. Sein Team war ideal aufgebaut für den Sprint, zusammen haben sie eine herausragende Arbeit gemacht und ihre Ziele verfolgt. Ich habe ihm, diesem großen Sportler, nach all unserer Rivalität diese Triumphe wirklich gegönnt.

Ich bin gesund nach Paris gekommen. Ich habe nicht mehr mit der Karenzzeit kämpfen müssen, im Gegenteil. Man könnte meinen, dass auf diesem Weg bei mir vor allem so etwas wie Melancholie aufgekommen wäre, dass ich Wehmut spürte, weil bald alles vorbei sein wird. Aber ehrlich gesagt war es anders. Ich wusste bei jedem dieser Berge, dem Mont Ventoux und dem Tourmalet und all den anderen Anstiegen, dass ich sie das letzte Mal mit einer Nummer am Trikot in Angriff nahm. Es war ein entlastendes Gefühl. Auch wenn es nie leicht war, hat mich dieser Gedanke leichter gemacht. Ich war tatsächlich bereit für das Ende meiner Karriere.

Es ist das letzte Kapitel, der Kreis schließt sich in Paris. Während wir losrollen, zeigt die ARD einen Dokumentarfilm über mein Leben als Radsportler und Familienmensch. Es ist ein besonderer Tag, an dem sich nochmal zeigt, wie weit ich gekommen bin. Ich möchte nochmal alles raushauen. Meine Frau und unsere Töchter sind da. Die Sonne strahlt auf diese wunderschöne Stadt, wir drehen unsere Runden, ich habe noch einmal Großes vor. Ich bin körperlich stark und entschlossen. Egal, was vorher war, heute will ich es nochmal allen zeigen.

Am Ende meines letzten Auftritts fluche ich und ärgere mich. Auch wenn ich meinen Frieden gefunden habe und bereit für das

Finish bin: Die Kette schliddert kurz vor dem Ziel über einzelne Ritzel der Kassette, ich muss mich nochmal hinsetzen zum Schalten, ich verliere ein bisschen den Anschluss – bin dann noch eingeklemmt hinter Jasper Philipsen, der mit Wout Van Aert und Mark Cavendish vorn um die letzten Meter fightet. Ich komme nicht mehr ran. Es wäre mehr drin gewesen. Aber so ist es eben. Es gibt keine solche Chance mehr.

Ich hänge der Sache nicht lange nach. Es ist gut. Es ist vorbei. Wir machen unsere Auftritte beim Sponsor, ich treffe meine Familie, wir feiern abends das Ende der Tour. Schon am nächsten Tag sind wir dort, wo wir herkamen, oben an der Ostsee. Ich fühle mich frisch, viel frischer als in all den Jahren zuvor.

Ich habe mein Ziel erreicht.